觀壯日札表紙と秋場桂園

觀壯日札本文の一部

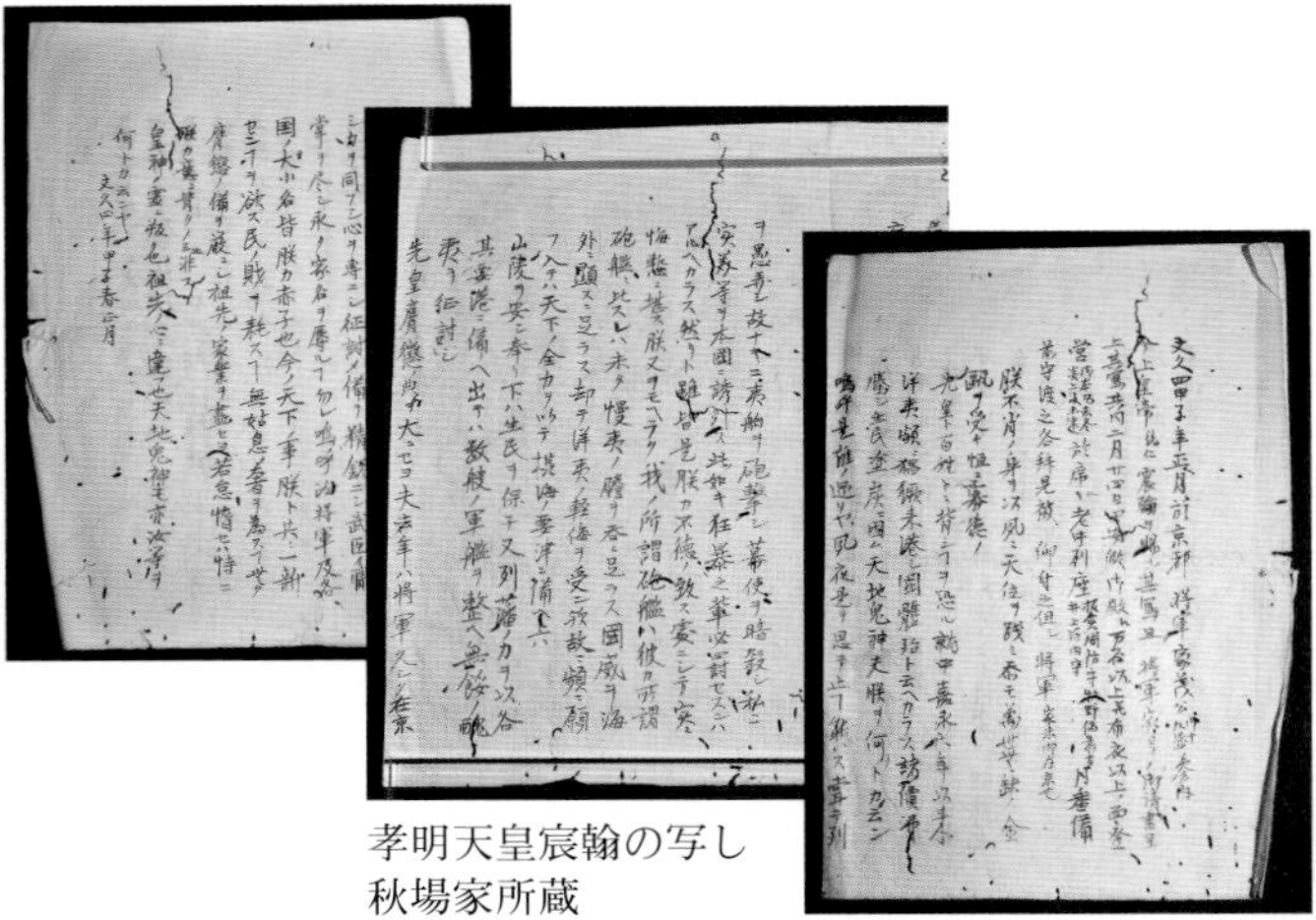

孝明天皇宸翰の写し
秋場家所蔵

桂園先生碑

※口絵写真は秋場仁氏ご提供

# 覩壮日札出現記

釋 至心

文芸社

作中全ての人々に捧ぐ。

# 目次 「観壮日札 出現記」

一 レターパック 4
二 漢文学雑言 20
三 画賛読解 43
四 祖先 52
五 墓碑銘の主 68
六 水海道へ 85
七 桂園先生碑 105
八 観壮日札 137
九 孝明天皇宸翰 ～追録～ 180
語注一覧 199
あとがき 234

# 一　レターパック

分厚い郵便物が届いたのは令和四年（二〇二二）六月二十日であった。通常、我家に郵便物が届くのは正午過ぎで、その日の手紙や葉書はすでに確認していたため、その後に届いたらしいレターパックには気付かないまま一晩放置した。つまり、この分厚いレターパックを手にしたのは新聞を取りに行った翌日の朝だった。

送り主から直接書類が届けられたのはこれが二度目であった。しかし、故あって昨年の夏以降、送り主の所蔵される品々をすでにいくつか拝見させてもらっていた。むろん実物ではなく写真や印刷物のコピー、あるいは書類等であった。そもそも一年に満たぬ間に、送り主と私がこのように親しい関係となるとは思いもよらぬことだった。そうなった経緯（いきさつ）については追い追い述べるが、ともかくこのレターパックの中に「靚壯日札」が入っていた。

レターパックの中には、封筒に入れられた四枚分のお便り、A4用紙に印刷された大量の書類や画像、それに写真がぎっしりと詰まっていた。

取り出してみると、A4用紙は内容毎にクリップで留められ、それらすべてに詳細を記した大きな付箋（ふせん）が貼られてある。取り出しはしたもののその量に圧倒された。しばらくの間は手に付かない状態で、テーブルの上に広げた書類群をただぼんやりと眺めるばかりだった。

それでもまずはお便りを読まねばと気を取り直して目を通したのだが、それが却（かえ）って混乱を増大させることとなった。お便りには丁寧な挨拶の後に書類群の説明などが累々と記されていた。そこに次々と出てくる人名を見ているだけでも頭がくらくらした。せっかくの説明も、その内容が強烈過ぎて頭に入ってこない。何事も許容範囲というものがある。私の実装メモリー※①ではとても処理できなかった。

けれども具体を示さなければ分からないと思うので、その一部を抄出する。

――私が注目したのは、「大阪緒方洪庵（おがたこうあん）※②」と署名された書翰（しょかん）※③1通、伊東玄朴（いとうげんぼく）※④からの書翰1通です。これらも未発表資料になるのかもしれません。――

説明など必要あるまい。

ともかく、すぐにそれら書類を確認しなければならないのは重々承知の上なのだが、その気になれない。お便りの内容が頭の中でぐるぐる回って、作業に入れないのである。

しばらくは書類群をテーブルの上に放置したまま、呆けたような顔をしていたと思う。

それから何となくテレビをつけてみたが、映像も音もただ煩わしいばかりで頭に入ってこない。風景番組の録画を再生してみたがBGM効果にはなるものの脳中の混乱は収まらない。テレビはそのままにして、スマホを出してプロ将棋の対局を覗いてみた。心の昂ぶりを抑えるには、何とか気を紛らわすしか方法がないのである。

そんないつもと違う私の様子に気付いたのか、妻が声を掛けてきた。

「あなた、大丈夫？　アドレナリンが出てますよ」

だが、どこか空々しい感じである。こんな時はいつもだと積極的に関わってくるのだが、今日は少々違っている。そんなに変なのかと慌てて自己観照の目を向け、とりあえず返事をした。

「大丈夫、大丈夫。書類が多くてびっくりしただけだよ」

そう応えた私だったが、妻は納得しない。

「ウソ言っても分かるんだから。ずっと目がハートじゃない。あんまり深入りしちゃダメですよ」

確かに、ウソは言ってないのだが妻は騙せない。

諸事情あって早期退職したわれら夫婦は多趣味という共通点があり、互いの嗜好の重りあう部分を活かしてタッグチームを組むことがある。得意部分の協力によって書幅※⑤、書翰などを読み解くこともその一つだ。時折、そんな依頼が持ち込まれるのである。

自主的にタッグを組むこともある。退職して間もなく、妻の両親祖父母それぞれの実家のお位牌と墓石刻字をすべて調べ、それらをまとめて冊子にした。製本されたその冊子を渡した時の妻の伯父が見せた笑顔は、まるで宝暦五年（一七五五）三月一日に没した最も遠いご先祖の幻を見たようだった。

むろん、まだ冊子にはしていないが私自身の調べはすでに終わっている。

亡父がまだ健在な頃、本家を継いでいる叔父に頼んで、お仏壇やお位牌を見せてもらった。お位牌の表裏すべてを写真に撮り、幾枚かの書き付けも接写した。

村外れの山中にある墓地は物心つく以前からのなじみの場所だから、叔父の案内は必要ない。なにしろ私の最も古い記憶は、早朝祖母に背負われて行った骨拾いである。墓地入口に立つ石の地蔵様は旧知の間柄だ。ちゃんと確かめてはいないが一歳時の記憶である。

祖母たち一行は墓地の外れに穿たれた火葬場の穴に下りて行き、灰の中の骨を拾った。何かの弔い儀式もあったのだろうが、それはまったく記憶にない。ただ、その穴の空虚な広さと、日の出前の濃紺の空と、熊笹の深い緑の色が印象的で、うっすらと残る茶毘※⑥の後の煙が眼裏に残っている。

ちなみに山里の農家のこととて、家系図などという立派なものは残されていない。檀那寺に行けば過去帳があるかも知れないが、今のご時世では無駄になるだけだと思って確かめはしなかった。結局、写真記録と戸籍謄本だけで家系図を完成させた。最も遠いご先祖は享保十五年（一七三〇）十一月十三日に没しているが、記載は法名しかなく俗名も行年も不明だった。ただ、その四年後に亡くなった釋尼と記されたお位牌があったので、この二人のご先祖が夫婦であったことは間違いないだろう。いずれも墓石は残っていない。

母の実家については、中学校の夏休みに自由課題の宿題として調べたものがあった。まだ元気だった祖父に家伝の巻物を見せてもらい、それを書き写しているのである。

「あんまり根詰めちゃダメですよ。すぐムキになってやり過ぎるんだから」

「何言ってるんだ。ムキになってるなんて……」
「ウソ言ってもダメ！　鏡を見てご覧なさい。嘘だって顔に書いてあるじゃない」
「バカ言うなよ」
「そーら、あなたの顔はホントに正直なんだから。ぜーんぶ書いてますよ」
「…………」

絶対に勝てないのである。なにしろYはXの後に出来た弱い染色体だ。

埒(らち)もない繰り言はよそう。しかし、妻の言葉は見事に正鵠(せいこく)を得て※⑦いた。

ともかくテーブル上の書類群を片付けなければならない。そのままにしていては書類群は格好の舞台道具となって、環境美化と廃棄物処理、そして資源確保といった深刻(serious)な問題をテーマとしたドラマが始まる。

それは回避しなければならない。まだ主演女優の機嫌はいいようだが、演技が大好きな彼女は舞台の幕が開くのを今か今かと待ち構えている。気分が変わればみずから幕を開けかねない。

我に返った私は、とりあえず書類群の整理に取りかかった。しかし、どれもこれも厄介である。いちいち目が留まるのだ。写真画像は特に困った。具足添書の巻物、指南免許状、絹本旗(けんぽんはた)家門(かもん)、家紋入りの漆塗箱等々(などなど)、その箱に施された金箔の家紋などは念入りにクローズアップ写真さえ添えられている。見るなというのは酷（こく）である。

それでも何とかファイル冊子に収めたが、整理など出来ないままひとつのシートに数枚束ねて差し込んだものさえあった。

そんな中にさすがにそうは出来ない束があった。ひときわ分厚い束で、太いクリップで留められている。それが「覩壮日札」であった。クリップを外して数えてみると全部で三十枚ある。これこそ私が庶幾（こいねが）っていた史料であった。

これだけは疎（おろそ）かに出来ない。急いで専用のファイル冊子を用意し、一枚一枚丁寧に差し込んで表紙に「覩壮日札」と書き記した。

全容を検（あらた）めると、最初の二枚は表紙と覚え書き、三枚目が例言（れいげん）※⑧、四枚目から二十六枚目までの二十三枚が本文で、最後の四枚には附録と追記、後記があった。すべて墨筆の楷書体だが、この追記、後記は後の人が書き加えたものでペン書きである。

「あなた、いい加減にしなさいよ」

「うん」

「ホントに、その様子じゃ寝込んじゃうわよ」

「うん」

「あなた、聞いてるの」

「うん」

耳には入っているが、まったく心ここにあらずである。ただし阿吽(あうん)の呼吸は大切だが、吽(うん)だけだとただの牛の鳴き声で役に立たない。

さいわいにして書類群はすべてファイルに整理したところだった。私は余裕を持って「観壮日札」のファイルをめくっていたのである。けれども舞台は暗転した。その日は、部屋の電気が消える形で終了した。


翌日から本格的に読解が始まったわけではない。次の日はいくつかの雑事があって史料整理はまったく捗(はかど)らなかった。けれども、とにかくお礼をしておかなくてはならないと思って、夜遅くになって送り主の携帯に連絡を入れた。お便りの中にはご旅行の予定が書かれてあってご不在、ご多忙であることは分かっていたが、夜遅ければつながるのではないかと思ったのである。しかしやはり携帯はつながらず、ようやく礼を伝えられたのは二十三日の夕方だった。

「このたびはこんなにたくさんの史料をお送り下さって、本当にありがとうございました」

「いやいや、こちらこそ感謝しています」

「何をおっしゃいます。こんなに多くの、しかも貴重な史料を、整理されるだけでも大変だったでしょう」

「いや、なに、プリンターで印刷したものですから、碑文などはよく見えない箇所もあるでしょう。よろしければ、メールアドレスを教えて下さい。添付ファイルで送れば、ディスプレイ画面で自由に拡大して確認できますから」

実は、手紙のやりとりこそあったものの、直接声を交わしたのはこれが初めてだった。にもかかわらず送り主は、爽やかな声で親切な提案をしてくれる。

「本当にびっくりしました。まさか、このようなすごい史料を拝見できるとは想像もしていませんでした」

何はともあれ、まずはこの史料の送り主を紹介しなければならない。この方は江戸時代に下総国（しもうさのくに）水海道（みつかいどう）※⑨の地で代々名主を務めた秋場家の現在のご当主である。今も同所に住まわれ、お名前は秋場仁（あきばちかし）とおっしゃる。聞けば第十八代目に当たられるとのことである。

「覩壮日札」は、氏の五代前のご先祖祐（たすく）（桂園）という人物が遺したもので、家伝の品々を整理していて発見されたということである。

江戸時代、秋場家の当主は代々権左衛門を名乗ったが、その最後を襲（おそ）った※⑩のが祐という人物で字を元吉、通称は謙吉と言い、一般には数多の書幅に揮毫(きごう)された桂園という雅号で知られているようだ。他に天香という雅号も使われたようで、同地にある浄土宗の寺報国寺境内に「桂園先生碑」という立派な顕彰碑も残されている。

この碑文については後で詳しく述べるが、例えば「水海道市史」には、吉田松陰(よしだしょういん)※⑪や頼三樹三郎(らいみきさぶろう)※⑫など数多の人士が桂園宅を訪れ、夜を徹して国事を談じたことなどが紹介されている。秋場桂園という人物は幕末明治期に多くの足跡を残したこの地の名士であった。

さて、この「覩壯日札」は、おそらく「トソウニッサツ」と読むのだろう。「覩(と)」※⑬は「睹(と)」の古字で目覩(もくと)や逆覩(げきと)などの熟語や、周易(しゅうえき)※⑭に「聖人作而万物覩(せいじんおこリテばんぶつみル)」という一説もあるので、儒者でもあった桂園には普通の語だったのだろう。題は「日々盛んに見聞した記録」というほどの意である。

二十三枚、四十六頁の本文には、文久三年（一八六三）二月九日から七月三日までの百四十四日間※⑮の旅の記録が、端正な楷書体で清書されていた。

秋場仁氏を知り得たのは京都の佐藤氏を介してであった。秋場氏もまた友人を介して京都を訪れ、所蔵する品々の扱いを任せる関係となったということだ。

昨年の夏、佐藤氏より秋場家で所蔵されているご先祖の作品を読んでもらいたいという依頼があった。そしてまもなく写真が送られてきた。見ると一品は表装された軸物で、隷書体※⑯で書かれた桂園自作の五言絶句だった。それはすぐに読めたが、もう一品を見て困惑した。一品と言っても写真は全部で十二枚あった。

それぞれ半切和紙に一行、流れるような墨痕が写されていた。行草交じり※⑰の見事な書であった。署名、落款※⑱、遊印※⑲もあるので、それが六行詩二題であり六曲一双※⑳の屏風仕立てにするつもりで書かれた作品だとはすぐに分かった。何かの都合で屏風にならないまま仕舞われていたのだろう。

佐藤氏の説明では、この品の所蔵主は今は屏風にすることは出来ないがそのままにして朽ち果ててもいけないので、それぞれ書軸にして保存する意向だということだった。すでに軸装されている方は傷みがあるので修復を考えているとのことだ。だが、内容が分からず躊躇っているようなので、とにかく読んでもらいたいという依頼であった。

だが、肝心の文字判読が難しい。癖の強い字があるし、連綿線※㉑のどこからどこまでが一文字かにわかには見分けのつかない箇所さえあった。一応五言詩であることは間違いないし、詩の主題はすぐに見当がついたが、語句が決定しなければ正しい解釈など出来ない。

それに、大学で日本文学を専攻した私は、漢文学は一通り程度しか学んでいない。専門は中古・中世文学で、仮名文字作品なら多少は読めるし、古文の語彙には限りがあるので察しもつく。書棚にはいくつかの古典作品の影印本（えいいんぼん）※㉒が並んでいるし、とある作品の全文を筆写した経験もある。

けれども漢文学は違う。何しろ漢字だけでも総数五万文字が宏大な海原（うなばら）となって広がっているのだ。魅力はあったが、最初からその海原に乗り出す勇気はなかった。その畏（おそ）れていた海原の一部が、目前に現れたような気がした。海水浴をしたことのない者が、海岸に連れて行かれたように戸惑った。

ともあれ、文字が判読出来ないのには往生した。四、五日苦しんだ挙句、例によって最後は妻頼みとなった。子どもの頃から書道に打ち込んで来た彼女は、中断した時期はあったにせよ私より遥かに書の筆跡判定が堪能なのだ。たぶん十数字、曖昧なものを含めば二十字くらいあったかも知れない。その内の幾文字かはその場ですぐに教えられたが、その彼女でさえにわかには判別出来ない文字があった。そしてさらに二日ほど苦しませ、それでも結局幾文字かは結論の出ない文字が残った。

頼みの綱もなくなったので、そうした字は前後の内容から臆測して意味が通りそうなものを片っ端から当て嵌（は）めてみるのだが、そううまくは見つからない。むろん、五（ご）

體字類、五體字鑑、くずし字辞典、古文書辞典等を総動員しての作業である。それでも分からないので、王鐸※㉓辞典まで妻の部屋から持ち出す始末である。草書の手本は何と言っても王鐸である。

だが、とうとう白旗を上げざるを得なくなってしまった。結局、前後の内容に矛盾なく、且つ字体が似通っている語を当て嵌めて何とか大意をまとめた。一応、解説まで加えた体裁には仕上げたものの、読解不完全な点は隠しようもなかった。

作品はすべて桂園自作のもので、隷書体の五言絶句※㉔は老境詩人の感慨を詠んだもの。六曲一双に仕立てようとした行草書体のものは、五言詩二題で、ひとつは儒学者である桂園が古詩を学ぶ意義を述べた内容。もうひとつはこの人が住む水海道の土地と住居への頌辞※㉕であった。この詩にある桂園が愛した住まいは後に水戸偕楽園に移築されたということで、その古写真も残っている。

「いやー、今回のものは難し過ぎて自信がありません。草書体の字で読み取れない部分があって、不確かな箇所が残っています。何とか大意はつかめていると思いますが、先方には参考程度としてご覧いただくようお伝え下さい」

佐藤氏にはそう電話で断って、その日のうちにその内容をA4用紙三枚にまとめて郵送した。

「いえ、それで充分です。いつもお手数かけてすみませんねぇ。秋場さんにはそう伝えておきます」

佐藤氏はいつものソフトな声でそう言うと、あとは穏やかな調子の四方山話が続いた。

それから半月ほど経った八月の終わり、佐藤氏からの郵便が届いたので開けると、中には秋場氏からの手紙に桂園旧宅の古写真と自宅周辺の写真四枚が添えられものが一緒に入っていた。手紙には、誠実さが伝わってくる謝辞の後、

――桂園六曲一双の後半の六行はおそらく、桂園が終生愛した庭をうたっているように感じました。彼はこの庭をめでる詩をたくさん残しているようです。桂園という号もその庭にある金木犀（きんもくせい）※㉖の古樹から得たようです。――

とあり、さらに綿々と桂園の逸話などが記されていた。

思いがけないお便りに私は感激したのだが、その時はそれが始まりであるとはまったく思いもよらないことだった。

その後しばらく佐藤氏から連絡はなく、すっかり秋場家の書幅のことは忘れてい

た。しかし年が改まって桜の花が満開になった頃、佐藤氏から電話があって再度秋場家の品について見てもらいたいという意向が伝えられた。電話ですでにその写真は郵送したと伝えられた通り、翌日には依頼品の写真を見ることが出来た。

　届いた封筒の中には手紙と共に透明ファイルが二つ入っていて、その一つに依頼品を撮った写真が二枚入っていた。見ると肖像画の掛け軸である。写真の一枚は画幅全体、もう一枚は画賛※㉗部分のクローズアップであった。その画幅は秋場桂園の祖母貞鏡君を描いた肖像画であり、読まなければならないのは画賛であった。

　長年の間の傷みがあるので表装し直すことになったのだが、画賛の内容がほとんど分からず、それを読んでほしいという依頼であった。佐藤氏からの又聞きなので正確ではないかも知れないが、秋場氏も画賛の内容について詳しいことは分かっていないようだった。そして、もうひとつの透明ファイルには何かの草稿文らしい写真が入っていたが、読解の役に立つかも知れないので添えているとの但書（ただしがき）があった。つまり、こちらは読み解く必要はないというわけだ。

　ちょっと安心して、とにかく肖像画の画賛を見た。書体は昨年の夏に見た五言絶句同様、少し癖のある隷書体である。けれども、字数が違いすぎるので目にした瞬間途方に暮れた。後で数えてみると、本文だけで二百十八字あった。

漢詩なら字数も少なく何となく意味が取れるが、こうまで見事な漢文ではそうはいかない。何しろ漢文学はズブの素人なのだ。

元々好きで引き受けたものだから文句は言えない。けれどもこんな事態に遭遇すると、かつて高校で国語を教えていた頃が思い出される。その頃も国語の先生なんだから分かるだろうと、何度か書翰や書幅などの墨跡を見せられることがあった。しかしそれはまったくの認識違いである。

## 二　漢文学雑言

そもそも国語教科の範囲はとにかく広い。

「――先生、綿矢りさっていいよね」

「――何言ってるのよ、まだ青いわよ。山田詠美の『風葬の教室』を読んでみなさい。貸してあげようか？」

などと、必ず二人連れでやって来るませた女子生徒もいたし、

「あのー、御堂関白記（みどうかんぱくき）※㉘って日記文学なんですか。この間の試験の四択に入っていました」

と、おずおずとやって来る男子生徒もあった。

「どちらもいいけど、まずは樋口一葉を読んでみな。女性作家は林芙美子や壺井栄だっていいるぞ。そうだなぁ、有吉佐和子や山崎豊子だっていい。H先生なんか山崎作品は全部読んでるそうだ。とにかく流行作家もいいけど、歳月という濾過（ろか）をくぐり抜けた作品も読んだ方がいいぞ」

とか、

「ああそれは違うよ。土佐日記で始まる女流仮名日記※㉙の系譜はな、蜻蛉、和泉式部、更級、讃岐典侍、十六夜、…ああそうだ紫式部だって書いてて、今言ったのはみんな後に日記が付く。ただ、建礼門院右京大夫集やとはずがたりといった、題名からは日記と分からないものもあって、そっちが問題になる率が高いかもな。作者は女性仮託の土佐日記以外はどれも女性だ。……でだな、御堂関白記のような男性の日記は全部漢文体の記録だから文学的要素は薄い。だから真名日記と言って区別して史料として扱う。小右記や権記なんてのは道長と同時期のものだ。ほかには殿暦や台記なんてのもある。まあ、歴史が好きなら調べてみな。そうそう、でも定家の明月記や九条兼実の玉葉は知っておいた方がいい……」

とか、一々対応するのも大変であった。

それでも現代文や古文といった、日本文学ならまだいい。漢文ではこのように質問に来る生徒はほとんどなかった。

それにしても、古文と漢文を合わせて古典なる教科を作ったのは横暴な行為であると思う。その昔、漢文学は立派な一教科であった。漢文学はそれほど深大なのだ。第一、昭和二十一年に制定した千八百五十字に制限した当用漢字でどうやって漢文を学べるだろう。昭和五十六年に改訂された常用漢字にしても、わずか千九百四十五字である。ＪＩＳ漢字規格を見てほしい。第一水準ですら二千九百六十五字、第二水準が三千三百九十字で合計六千三百五十五字だが、実際にワープロで文章を作るにはそれでは役に立たない。補助漢字五千八百一字や、その後に出来た第三、第四水準の三千六百九十五字を使ってようよう凌（しの）いでいるが、それでも一万数千でしかなく、漢字総数五万字には遠く及ばない。

　しかもこのワープロ文字、例えば森鷗外などは普通に入力すると森鴎外となり、いちいち第三水準漢字に直さなければならない。区点番号は９４６９だ。

　まあそうは言っても漢文原野※㉚の土壌は開墾されていないため、質問出来るような苗も育っておらず、その点ではさほど困った事態に陥ることはなかった。もし深い質問などされたなら、その方が困惑したに違いない。実際は、此方（こちら）から漢文の基礎知識を与えようと雑談を入れても、乗って来ないのが実情だった。

　そこで授業が一息ついた時などに、

「漢字の画数で一番少ないのは何かなあ？」

と質問をしたりして、何とか漢字に興味が湧くよう仕向けた。この問いには当然、

「一に決まってるじゃん」と、答えが返ってくるのだが、

「じゃあ他には？」

と、さらに質問をして答えが返ってきた例は一件もなかった。

「思いつかないらしいな。乙があるよ」

彼らが持っている普通の漢和辞典にも部首一画の項には、「一」「丨」「丶」「丿」「乙」「亅」があるのだが、実際のところ部首一画の項目を引いた生徒はまずいなかった。もっとも、一画文字で実際に使用する漢字はこの一と乙のみだから、特に知らなくても支障はない。

「えー、乙って一画なんだ」

「そう、甲乙丙丁戊己庚申壬癸、十干の一番最初の甲の画数は五つでこの乙は一画なんだ」

一画は、ことさら「イッカク」と強調して発音しなければならない。

「…………」

「…………」

しかし、期待は失望となるのが世の常だ。生徒たちの反応はまったくない。「寂として音なし」とはこのことだ。

私の意図した駄洒落は見事にスベり、誰も笑わない。「ツ」の韻を並べていることなど気付いてもくれない。いや、気付いてシラケていたのだろう。生徒はそんなに愚かではない。

ただ、十干や十二支(じゅうにし)の話題はそれ以上深まらず、干支(えと)から「易教」、そして四書五経に発展させようとした目論見は見事に水泡に帰した。

「へー、そうなんだ」

却(かえ)って感心されるありさまで、乙が一画であることを知った彼らは一様に驚いたものだ。

それは些(いささ)か問題である。筆法として乙は一筆で書かねばならず一画だが、そもそも筆を使わない彼らには分からない。二画だと思うらしいし、実際に二画で書いている者もいた。甲、乙は、時折選択肢の番号代わりにも使われるので、そうした答案に書かれた乙が明らかに一としになっているのである。さすがに×はしないが……。

先ほど漢文分野の土壌について言及したが、漢字、漢文についての認識はそれほど貧困だし、危機的状況だったのである。

それはともかく、スベってしまったままでは面目が立たない。失地回復をしておかねばならない。

「じゃあ、もうひとつクイズやってみるかな?」

と言って彼らに水を向ける。むろん否やはなかった。

通常授業に倦(あ)いている彼らは、クイズ形式の質問が大好きだ。変化は脳を活性化する。景品が無くても乗ってくるが、もし挑発に乗ってこない場合は伝家の宝刀をチラつかすに限る。分かれば……ではなく、当たれば一点と言えばそれこそ目の色を変えたのである。

ポイント制を授業に取り入れたのは私が最初だと、密かに自負している。もうかれこれ半世紀近く経っているので時効だろうが、特許申請をしていればよかった。今頃はビルが建っていたかも知れない。

さて、先ほどと違って点をもらえるというので、賢明な生徒の中には慌てて机の中から漢和辞典を取り出している者も見受けられた。

「じゃあ、もっとも画数の多い字は何画だと思う?」

してやったりである。一所懸命※㉛に漢和辞典をめくっている。

「先生、十七画です」

そう答える生徒がいると私は思わず頬がゆるんだ。しかし、それは極力かみ殺さねばならない。見事に罠(わな)に嵌(は)まってくれたのだ。漢和辞典には龠(ヤク)部は十七画で部首の最後にある。

「ああそれは部首の画数だね。龠は管を並べた笛のことだよ。でも下に数字があるだろ、そのページを開けてごらん。欠※㉜を付けた龡というのがあるよな。笛を吹く※㉝という意味の字だけど、それだと二十一画になる。つまり十七画に欠の四画が加わるわけだ。でも、吹奏楽部の人は吹と同じ読み方、同じ意味だから覚えておいたらいい。部活の何かに役立つかも知れないな」

　生徒の持つ漢和辞典の龠部には他に「龢」と「龥」が入っているが、「龢」は和の古字だから禾部、「龥」は頁部に説明が回されている。つまり、龠部には「龡」しか載っていないのである。それも紛らわしさがなくて都合が良かった。

　もし、彼もしくは彼女が吹奏楽部だったなら、吹と龡が「ケツ」と「ヤク」ではなく、同じ「スイ」と読むことに言及し、偏と旁のしくみ、さらに呉音、漢音、唐音にも発展出来る。ついでながら、説明をせずとも同音であることに気付いた者がいたなら、それこそ私はボーナスポイントをサービスした。

　高校生になっても、音訓の違いさえ認識していない者もいたので、このような絶好の機会を逸するのはもったいない。当然、ポイント付加に価した。

　しかし、ちょっと間を置いて待っていても、ほとんどそのような展開になることはなかった。そこで、

「……例えばユウウツの鬱って、見るからに画数多いの分かるよな」

と言って、おもむろに憂鬱を板書する。

「これで二十九画。当然、答えはこれより多い数だ。さあどのくらいになるだろう？」

そう言うと、まるで手品のように大抵の生徒は黒板に目を向けた。つぶらな瞳（ひとみ）にキラキラとした輝きを見せてくれることさえあった。好奇心を擽（くすぐ）るには驚かせるに限るのだ。スラスラと黒板に龠や憂鬱を書くだけで、彼らは私が国語教師であることを認めてくれた。

もっともそれが目的ではない。少しでも漢字に興味を持ってもらうための手段であった。

鬱が黒板に現れれば、彼らの頭脳はたちまち活性化した。人差し指を動かして画数を数えている者さえいた。正答を導き出す手掛かりにしているのだ。彼らが真剣に解答を求め始めた証拠だった。鬱で人の頭脳を活性化させることも出来るのだ。

「じゃあ先生、三十一！」

時には大いに期待に応えてくれる生徒が現れることもある。

「いやぁ、和君（やまと）、素晴らしいね」

「当たったんだ！」

「いやいや、そうじゃなくて三十一を選んだ君が素晴らしいんだ。当たってはいないけど特別に1点あげよう」

まだ和君には何のことやら分かっていないのだが、分からなくとも利益が得られれば嬉しいものである。

「えっ、ホント。やったぁー」

私にとっても、彼らの意欲を掻き立てるに1点くらいの投資は安いものだ。そう無闇に点を強奪されるヘマなどしない。

これは、大道詰将棋※㉞のオッチャンから学んだ手法だった。安い投資で高い利益を得る。これもぜひ教育に取り入れるべきである。むろん、景品が煙草の必要はない。たった1点のポイントでいいのだ。

「それはだな、何故かというと、三十一は和歌の文字数だからだ。今なら短歌、ひょっとして君は名歌人になるかも知れない。だいいち君の和って名は和歌の和だよ。……うーん三十一か……、三十画なら分かりやすかったんだけど三十一画だと灩がいいかな」

とか言いながら、おもむろに灩を板書した。灩を板書する時に最も注意しなければならないのは、豊の部分である。豊では三十一画にならない。そんなことも説明しながらゆっくりとチョークを動かした。

チラッと生徒たちを見ると、あんぐりと口を開けている者が幾人(いくにん)かいたものだ。このパフォーマンスがないと、ただの口先だけのセンセイとなってしまう。すなわち「知行合一(ちこうごういつ)※㉟」が大切で、手を下さずに生徒の口を開けさせるワザが必要だ。

「……ちょっと難し過ぎるか。でもサンズイの字はみんな水に関係があって灩も波が漂う様子の意味で、灩灩(エンエン)という熟語になると、月光が波に映ってきらきらと光る様子になる。まるで和歌で詠まれる風景のようだ。和君もホントに名歌人になるかも知れない。……でも残念ながら、灩よりもっと画数の多い字があるんだ」

私はこの時、彼をからかったわけではない。

三十一という数字が和君を名歌人にさせる可能性は、ゼロではないと本当に思っていた。いや、むしろなってくれればいいとさえ思っていた。実際、少しばかり存じ上げているある歌人教師は、幾人もの優れた歌人を世に送り出している。仮にそうでなくとも、三十一が和歌、短歌の文字数であることを彼は忘れないだろう。

バタフライエフェクトという言葉があって、昔、その言葉をタイトルとしたハリウッド映画を観たことがある。続編もあった。今年、この言葉をモチーフにした番組が放送され始めたので、広く知られるようにもなったと思う。

けれどこの言葉を、他人事(ひとごと)として捉えてはならない。良くも悪くも、我々一人一人の小さな出来事が育つことによって、すべての今が現出している。私はそれを肝に銘じるべきだと思っている。

ところで、二十九画の鬱の次に一つプラスして三十画の声が挙がることもあり、授業は鸞(ラン)や驫(ヒョウ)にバージョン展開することもあった。また、彼らの中には漢和辞典に総画索引があることを知っている者や、あるいは辞書をめくっているうちに気付く者もあったが、それらの辞書にある総画の最後が三十三画麤(ソ)であることは承知の上だった。嚢中(ノウチュウ)に彼らの持っている辞書にはない鱻(セン)などを秘めている私を出し抜く事は出来なかった。もしそんな生徒がいれば、私はポイントの大サービスをしただろう。大道詰将棋のオッチャンよろしく、与えたポイントなど比較にならない大きな収穫が得られたに違いない。

従って、この辺りからは私の独擅場(ドクセンジョウ)となった。独壇場という誤用がまかり通っているが、それもすでに述べた漢字制限による弊害であり、独り(ひと)擅(ほしいまま)に出来る場でなければ意味はない。

たった一人、壇に吊るし上げられても独壇場と言えるのだ。この誤用のせいもあってか、最近は独壇場の方が多くなった気がする。

「先生、三十八はどうですか？　いい線いってますか？」

この頃になると、敬語が耳に入ることさえあった。

さすがに三十八画となると、その数は激減して僅か四文字しかない。リクエストがあれば板書した。残念ながらこの四文字は当然ワープロ文字にはないので表記出来ない。仕方がないので、それらの漢字の組成を示しておく。

「シュウ・龖＋衣（襲の籀文※㊱）」、「シン・震の籀文」、「ウツ・黑＋鬱」、「サン・革＋爨」である。

籀文とは書体のことで、震の籀文は組成を示すことすら不可能だ。興味のある方は大漢和辞典でご確認いただきたい。

「ウツ」は「黒いさま」あるいは「神の名」ともあるので、大黒天と解してもいいだろうからそんな説明が出来る。また、「サン」は轅に巻く紐のことだ。すぐに国語便覧の牛車の絵図があるページを開けさせ、

「牛車ってのは今の自動車のことだ。牛はいわばエンジンだな。西部劇には馬車が出てくるけど、馬の足は速過ぎてとても乗り心地が悪かったんだな。だから、ゆっくりと歩む牛がエンジンとして使われた。だけど、なかには四人以上乗れる今でいえばワンボックスカーやステーションワゴンみたいな大きな牛車もあったから、それをつな

ぐ紐も滅多に切れない革を使ったってわけだ」

と、古文の基礎知識に結びつけることも出来た。

「——それにしても、みんな気が小さいなぁ。もっと大胆でいいよ」

「じゃあ、五十五」

「さすが野球部だな。松井の背番号じゃないか、でも残念！」

今なら村上に替えなければならない。だが、残念には二重の意味がある。実は四十一画までの字はすべて存在するのだが、そこからはない画数もあって五十五画はそのひとつだ。従って、板書することは出来ない。

「えー、先生まだ多いの」

「信じられないよ。そんな漢字ホントにあるんですか？」

「それがあるんだ」

あるかどうかについて、そう言えばこんな質問を受けたことがあった。

——ある日、授業の後で見るからに硬派のしっかりした男子生徒が質問に来た。

『先生、ちょっと質問があるんですがいいですか？』

と、彼は言う。見ると、何やら国語のワークを手にしていた。

『何かなぁ？』

と、私が言うと、

『このワーク、問題に間違いがあるんです』

『あっ、それはすごいね。間違いを見付けたんだ』

ワークどころか、辞書にさえ間違いは存在する。人間は必ず間違いをする動物である。それを知るべきで、間違いを咎（とが）めるのは人間そのものを否定することになる。この頃の私は、そんな当たり前のことがようやく分かり始めていた。

彼は得意そうな顔をした。

『そうなんです。この問題の選択肢にない字があるんです』

『？？？』

『……ええっと、それはですねぇ……』

と言って、彼は手に持っていたワークをめくり始めた。咄嗟（とっさ）のことで、私は彼の言った『ない字がある』という意味が分からなかった。滅多にないことだった。

『ええっと、これです』

彼はそう言って、ちょっと肩を怒らせながらワークを突き出した。問題制作者への憤慨が如実に表れていた。

『この問題ですが、この四択の三番目にあるこの字、ありませんよね？』

『ありませんよ、ってどういうこと?』

私には彼の言っている意図がまったくつかめず、訊き返すしかなかった。

『いや、だからこんな字ありませんよね? だって、これまで見たことありませんから』

と、彼はちょっとムキになって言った。

彼の意図することがそこで漸く分かった。分かりはしたが、一瞬唖然とした。彼は、その字はこの世に存在しないと言っていたのだ。

これは実際にあったことである。しかし、当然のことながら彼の名も何時のことであったかも明かすことは出来ない。もちろん、その漢字が何であったかも明かすことは出来ない。あらぬ事態を招かぬとも限らないからである。ただし、彼および彼に関係する人々の名誉のために一つだけ明かすなら、教育漢字ではなかった。

あるいはと思う。

あくまで臆測だが、彼は小学校か中学校の時、今のように漢字の質問をしたことがあったのではないかと思うのだ。実際、真面目ないい生徒であった。今は立派な仕事をされているに違いない。そうでなければ、このような質問に来るはずはなかっただろう。

とにかく、小学校か中学校のその時、

『そんな漢字ないよ』

とか、

『その漢字はないねぇ』

とか、

『その漢字はないのよ』

とか対応され、彼の頭脳には、活字としては存在していてもこの世にはない字があるのだと刷り込まれた。そう推測する以外理解出来ない。当然、彼がその時質問した漢字は小中学校の教科書には載っていない漢字だったに違いない。つまり教育漢字外の漢字だっただろう。

　彼を納得させるのにはさすがに苦労した。しかも短い休み時間内のことでもあったので、彼を真に納得させることは出来なかった。一応分かりましたと言って席に戻る彼の背中には、大きく『不承不承（ふしょうぶしょう）』と書いてあった。それが、苦い記憶として今も脳裡にある。

　言葉は大切である。そして危険でもある。おそらく彼に誤解を刷り込ませたであろう言葉に、一言『教育漢字には』を冠していれば何事もなかっただろう。私だってどのくらいこれと同様の過ち(あやま)を犯しているか知れたものではない――。

そんな経験があるので、それ以後は、

「マジなのー」

とか、

「冗談キツいよ」

とかいう声にも、ちゃんと対応するよう心掛けた。

現場を離れてはや十数年、今の高校生はその頃生まれた人たちだ。いったいどのような声が聞こえてくるのだろう。

ともかく、教育漢字からワープロ文字のJIS規格、そして国字や漢字総数のことなどを踏まえなければ、漢文をきちんと教えることは難しい。

ただ、こうしたやりとりをどれほど行ったかその回数は不明だが、私は幸運だった。千や万といったとんでもない数はもちろん、百以上の数を口にする慮外者(りょがいもの)はほとんどいなかったからである。そんな数を口にする者があれば、必ず他の生徒たちからたしなめられた。

「お前なに考えてるんだ！　どうやって百画や千画も書けるんだよ。書けるわけないだろ」

時にはそんなふうに仲間から言われ、大きな図体をした男子生徒が身を縮めることもあった。

それゆえ私は生徒たちの教養を信頼することが出来た。皆、良識を持っているのだ。一文字（ひともじ）の画数には限界がある。それが分かっているわけだし、第一こうしたやりとりでふざけた態度を示す者などなかった。

私は運が良かったのかも知れないが、数多くの学校現場を経て知り得たことは日本人の人間的レベルの高さであった。高校生の段階ですでに良識は備わっていた。そのことをもっと評価し、日本人は誇りを持つべきだと思う。驕（おご）るのではなく……。

「――まあ、授業が遅れるからこの辺にするよ。答えは何と六十四画でした。もう一声あったら正解者が出たかも知れないな。惜しかったな。今からその字を書くから、よーく見て画数を確認して下さい。あっ、ちょっと待って、画数が多いからちょっと大き目の枠を描（か）く。いいか、この枠の中に書くのがその文字だ」

そう勿体（もったい）ぶって大きい枠を描き、その中に𪚥※㊲を書く。残念なことにワープロ文字に龘はあるが𪚥はない。そこで、愛用するワープロアプリに備わっている「組み文字」機能で作成したのだが、印刷してみると字が潰れてしまう。仕方なく文字ポイントを大きくしている。それでも少々見づらいのはご了解いただきたい。

　黒板に向かっていても、生徒の凝視（ぎょうし）する視線は分かる。そして彼らの反応も……。

　けれども、書き終わると、

「すっげー」

　とか、

「うっそー」

　とかいう声の他に、

「先生、それってひどいよ」

　とか、

「ズルいよ」

　などと言う声が聞こえることが時折あった。

「えっ！　何が？」

　と、訊き返すのだが、内心はしめしめ※㊳である。

「だって、龍は誰でも知ってるし、辞書で龠（ヤク）の前にあったから違うと思ったんだ。まさか龍を四つも使って一文字の漢字があるなんて思わないよ」

　そう来れば此方（こっち）のものだった。

「なかなかいいこと言うねえ森君。でも、森君の森って木が三つじゃないのかな。木とは違うし木が二つの林君とも違うよな。漢字はそんなふうにひとつひとつちゃんと意味や理由が込められているんだ。今の漢字はちょっと違ってしまったのもあるけど、元の意味をちゃんと知ったら納得すると思うよ。実はだな、この龍を四つ重ねた字は、テツとかテチとか読むんだけど、森君の森のように三つ重ねた龘っていう字や、二つ並べた龖ってのもあるんだ。どっちも「トウ」って読んで𪚥とは読み方が違う。意味は龘の方は龍が行くこと、龖は飛ぶ龍のことだ。でも、不思議なことに𪚥は、龍とはまったく関係なく私みたいな人のことを表す語なんだ。まあ、暇があったら調べてみて下さい。あっ、そうそう、龍を使った漢字は他にも見つかるよ」

奇遇なことにちょうどこの箇所を書いていた朝、庭の水遣りなどを終えて居間に戻って来ると、某放送局の人気番組が映っていた。最近はとんとご無沙汰をしていたが、見ると、ちょうど森と林の違いについて説明していた。途中で引用された明治神宮の森を紹介した番組は、以前録画して繰り返し視聴させていただいた。それも懐かしく、その説明の最後まで見たが、ちょっと気に掛かった点があった。

番組は「森(もり)」と「林(はやし)」の違いは何かを質問し、それを解答者が答えるものだったようだ。ただし、庭に出ていた私は発問から解答者たちとの対応場面は見ていない。解答、解説のみ視聴させてもらったのだが、それに異議があるわけではない。気になったというのは「森」を「もり」、「林」を「はやし」と訓読して、「シン」と「リン」の音読にはまったく触れることがなかった点である。そもそも聴視者からの質問が「森」と「林」の違いは何かというものであったらしいから番組としてはまったく問題ないのだが、個人的には漢字の原義も説明に加えていただければありがたかったと思ったのである。

識者の解説中に「自然林」と「人工林」という言葉は出たが、「森」の方は「亀ヶ森」※㊴など「山」という意味で使用されている例を挙げ、「林」の方は「生やし」つまり植樹された木々という説明がなされていた。つまり、いずれも和語の語源説明に終始した。けれども、漢字の原義についてはまったく触れられなかったので、少し残念に思ったわけである。国字ならともかく、「森」も「林」も中国数千年の歴史がある。「盛り」と「生やし」はそれに宛てた日本での読み方である。

「森」は「木多き皃」、「木の高く茂りあうさま」であり、それに「盛り」という和語を宛てた古代日本人には頭が下がる。また、「林」は「平地に叢林あるを林という」とあって、必ずしも「生やす」とは関係しない。ただ、古代において植樹は主に平地で行われただろうから、この訓読に違和感はない。ただ、その意味では明治神宮の森は「林」の方がふさわしいかも知れない。

ともかく日本人の素晴らしさは、漢字という宝の原石を磨きあげることによって見事な宝飾に仕上げたことである。私が言っているのではない。今は亡き白川静耆碩※㊵の論究を私なりに解釈しただけである。

ちなみに、白川先生は万葉集に「神社」を「もり」と訓んでいる例があることを紹介されているので、明治神宮の説明の際そのことも付け加えていただければありがたかった。鎮守の森というように「もり」には「守り」の意もあり、深刻な気候変動をもたらしている原因のひとつに、森の消失があることは周知の通りだ。

とにかく、「森」「林」を「シン」「リン」ではなく、何の疑いもなく「もり」「はやし」と認識するほど漢字が日本語に馴染んでいるのは素晴らしいことである。それだけにその原義も疎かにせず、さらなる宝となるよう磨きあげたいものだ。

もうこれくらいにしておこう。現役時代同様、際限がなくなる。

現役最後の年、ある男子生徒が溜息のように洩らした言葉が蘇る。

五十も半ばの老教師が、このように際限なく喋り続けるのをつくづくと眺め、

「先生、アツいね」

と、呆れ顔で呟くのが耳に入った。

ハッと気付いて口を閉ざしたが、それが私の口演の終焉であった。

振り返れば恥ずかしいことだが、とにかくこんな調子で教壇に立っていたのである。これこそ独談冗である。正統(standard)な漢文素養など持ち合わせていないことを知っているのは、他ならぬ自分自身だ。それに、こんな調子で博識ではなく薄識を軽率にひけらかすような輩(やから)に、江戸時代の儒学者であり漢詩人である教養深い人物の文章を読みこなせるわけがない。それについては、これから秋場桂園という人物を紹介してゆくにつれお分かりになるはずである。

とにかくこの時点での私は、プールでしか泳いだことのない者がいきなり太平洋の荒波に挑むような心境だった。

雑言(ぞうごん)が長くなった。ただ、如何に画賛読解に苦労したかはお察しいただけたことと思う。

ところで気になっている方もあろうと思うので、最後に𪚥の意味を示しておく。大漢和辞典には「言葉が多い、多言。」とある。

## 三　画賛読解

さて、画賛読解の話である。

画賛読解が困難なことに変わりはないが、一点だけ突破口があった。それは書体である。全文隷書体なので、行草書と較べて遥かに読みやすく判別しやすい。意味は取れなくとも、一部を除くほとんどの文字は何とか楷書体に直せた。

もっとも二百十八字もあったので、それさえ二、三日かかっただろう。しかも最初からこんな過ちを犯してしまった。

吾　太母貞鏡君□秋八十有三康健□入而嬰児□色吾父

これは、画賛の冒頭一行を楷書体に直した最初の段階である。□部分はすぐに楷書体に直せなかった文字である。ご覧の通り存外簡単に読解出来そうだ。けれども、実はこの一文、あえて間違いを残して提示している。

すでにお分かりになって呆れている方もあろうかと思う。

ところがこの時、私は先入観にとらわれていた。文中にはこの人の略歴があるはずだという思い込みである。従って子どもの頃の記事も必ずあるに違いないと考え、それが冒頭部分の十有三を十三歳だと判断することに繋がった。

何事も色眼鏡で見ると真実を見失う。また、一旦誤ればそれを繰り返すのが人間の愚かさである。

「□秋」箇所はてっきり貞鏡君の実名だと思ったし、「嬰児（えいじ）」という言葉を見て「みどりご」、つまり幼児の頃から利発だったのだろうなどと妄想した。栴檀は双葉より芳し※㊶である。

漢文学どころか、国語力さえ怪しいものである。

とにかくこんな有様で内容読み取りが進まない。訓読して何とか意味の通る書き下し文にしようとするが、うまく出来ないのである。出来るはずがない。車で川を渡ろうとしているようなものである。沈むに決まっている。

ほとほと困ってよくよく眺めてみると、子どもの頃の内容が書かれているにしては、それに関係する語句がまったく存在しない。しかし思い込みほど恐ろしいものはなく、無いものを求めてさらに目を凝らす。無いものは無いのだが、それを認めないのも人間の愚かさである。いや失礼、また演繹（えんえき）※㊷して主語を換えた。愚かなのは人間ではなく、私である。

無駄な努力の果てに得るものは疲労しかない。疲れ果ててただ呆然と全体を眺めていると、ふと、ハが二つあることに気付いた。最後の一文中に「…齢超ハ十…」という箇所がある。どう見ても同じ字である。

それに気付いた瞬間、これまでの我が愚かさに気付いた。それはハではなくて八であった。年齢には違いなかったが八十有三歳であったのだ。

古来稀なる七十歳まではとても生きられなかった江戸時代である。八十三歳まで壮健だった祖母貞鏡君という人は、今ならさしずめ長寿番付に載るような人だったのである。

長寿を伝える文章を、それとは真逆の観点から読み取ろうとしても読み取れるはずはない。

　吾（わ）が太母（たいぼ）貞鏡君（ていきょうくん）は春秋（しゅんじゅう）八十有（ゆう）三、康健（こうけん）にして絶入（ぜつにゅう）すれども、顔（かんばせ）に嬰児（えいじ）の色（いろ）有（あ）り。

私の祖母貞鏡の君の生涯は八十三年であったが、亡くなるまで健やかで、その死顔はまるでおさな児のような初々しさがあった。

先ほどの冒頭文を訓読、現代語訳した最終のものだが、十三ではなく、八十三、□秋は名前などではなく「春秋」、つまり年齢のことだ。そもそも漢文の中に片仮名が交じることなどあるはずがない。そんな基本的なことさえうっかりしていたのだ。まことに情けない限りである。

画賛によると、この肖像画は桂園の祖母貞鏡君で、八十三歳で逝去（せいきょ）している。貞鏡とは法名であろうか、桂園の父最長君が絵師を招いて母の肖像を描かせたとある。最長君はこの母親に厚く孝養を尽くしたようで、やはり儒教を深く学んだ人だったようだ。私には調べようもなかったが、あるいはこの人もこの地では名のある儒者だったのかも知れない。何故なら、孝養は儒教で最も重視するところだからだ。

もっとも、祖母貞鏡君は実際に立派な人だったようである。節倹に努めて家産を豊かにし、家族が不如意な思いをすることはなかったと讃（たた）えている。よほどにしっかりした家刀自（いえとじ）※㊸だったのだろう。画賛には伝説の五帝「堯（ぎょう）※㊹」を引用するなど、二十九歳の若き桂園の気負いも窺えるが、賢婦であったことは間違いなかろう。若き桂園が心おきなく就学出来たのも、この祖母の支援があったればこそ叶ったのではないかと思われた。それほどに画賛の内容には筆勢があった。

桂園は父の命によってこの画賛を為したと書いている。そして祖母貞鏡君の福寿と慈愛の精神も元々は祖先の積徳の賜物であり、善行を積んだ家は明るく栄えて誹（そし）られることはないと結んでいる。

この若き日の桂園の感慨は彼自身の生涯で実証される。後になってそのことを知るのだが、先祖の遺徳ということについては、みずからの身にも引き添えてしみじみと考えさせられた。

ともかく何とか貞鏡君画賛の内容が読み取れたので、今度もA４用紙三枚にまとめた。

秋場家伝来貞鏡君像画幅解説（抄出）

天保三年（一八三二）壬辰春二月との記載がありますから、この画賛は秋場桂園（祐）二十九歳の年に執筆されたものと思われます。桂園は文化十年（一八一三）一月二十八日に生まれ、明治二十八年（一八九五）五月十四日に逝去していますので、奇しくも祖母貞鏡君と同じ年齢八十三歳で亡くなったようです。

天保三年は江戸後期の仁孝天皇※㊺の御代ですが、実際は光格上皇※㊻によって院政が行われていました。この時の徳川将軍は側妾四十余人、子女五十余名を数える十一代家斉で、賄賂の横行、綱紀の弛緩、治安の悪化といった幕府体制の矛盾が顕在化し、この年から続いた凶作も加わって、後には水野忠邦の主動する天保の改革が行われます。この年、まだ二十九歳の純情を秘めた秋場桂園（祐）が世相を憂い、古き聖賢の世を偲んだのは想像に難くなく、賢婦だった祖母貞鏡君への追慕と賞賛の思いを文章に込めたのだと思います――。

これは、活字化した原文や現代語訳に加えた、解説文の一部である。

今にして思えば、これだけで済ませていれば何事も起こらなかったかも知れない。けれど、私はこの後いらぬお節介をしてしまった。思いがけない展開につながっていくとは露知らず……。

画賛の解読が順調に進み始め、私は別の写真が添えられていたことを思い出した。参考までに添えてくれたものだが、一目見てこの画賛と関係のないものだと分かったので、そのまま封筒に戻していたのだ。それは墓碑銘※㊼の草稿だったが、貞鏡君や秋場家一族のものでないことは明らかであった。

銘文は、

　　嗚呼是れ我が主

で始まっていたからである。

秋場家がかつて代々名主を務め、桂園がその家名権左衛門を継いだ最後の人であることはすでに紹介した。つまり、この墓碑銘の主が桂園の仕えた領主であることはすぐに分かった。

だから一応全体を眺めてはみたものの、貞鏡君画賛を読み解く上で余り参考になりそうでないと判断し、封筒に戻していたのである。

それを再び取り出し、改めて三枚の写真が、確かに桂園が仕えた主人の墓碑銘の草稿であることを確認した。貞鏡君肖像の画幅とは違って、用紙も上等ではなく下書きのようだった。ただこの人の性質を表しているのだろう、几帳面な字が並んでいる。画賛と同じ隷書体で筆致も同じである。秋場桂園の書いたものであることは間違いなかった。あえて言うなら書かれた年代が違っていることだが、それは後に触れることもあろう。

そこまではよかった。だが、改めて全文を見渡してみて呆然とした。怯（ひる）んでしまったというのが正直な言い方だ。

本文の上部に、

葬葬（そうそう）溫謚（おんし）

の題辞があり、十二文字の銘題の後には何と一行二十字の漢字が二十五列、整然と並んでいる。数えてみると全部で五百三文字あった。そしてその後に、

下総　秋場祐謹撰并書

と明記されている。

貞鏡君肖像画賛と較べると、二倍半の文面である。当初の意気込みはたちまち凋（しぼ）んでしまった。だいいち依頼されたわけでもないのである。先方は画賛読解の手掛かりとして添えて下さっただけなのだ。

正直なところ、新たに読解作業を行う意欲は消えかかっていた。これはもう画賛の

方を急いで仕上げ、それを送るだけにしようという気持ちになっていた。

ところが、何の気なしに眺めていた草稿文の中に、「孝徳帝第二子」と「新田左中将」の文字があるのが目に止まった。この僅か二つの語句が私の気持ちに変化を及ぼした。

それはまるで、ほんの二滴の雫の投入によって、透明な液体が朱色に変わってゆく化学変化のようであった。あるいは、心奥のどこかで不思議な情動が湧き起こったようでもあった。その心の凪は、消えかかっていた下火を煽（あお）りたて燃え立たせた。私は再び墓碑銘への意欲を取り戻した。

# 四　祖先

私が墓碑銘に興味を示すのは、それなりに理由がある。

父母の先祖調べの話題の際、母方について詳しく述べなかった。ここでそのことに触れておきたい。

私の母は田舎神社の神主の娘で、同じ村の農家の長男である父に嫁いで私を産んだ。母はしかし、その母、つまり私の祖母を成人前に病気で喪っていた。娘が四人もいたためか、祖父は後添えを入れなかった。そうしたこともあって、母は嫁いでからも実家によく顔を出し、時には泊まることもあった。農家に嫁いだとはいえ手に職を持っていて、実家が職場に近かったことも関係していただろう。

また母の祖母、つまり私の曾祖母も存命していたので、そのことも気懸かりだったに違いない。

そういうわけで、私は幼い頃からまるで二軒の家があるように育った。祖父が神主を務める神社の祭神は八幡神で、境内には勧請された祠や石碑、石灯籠といったものが並んでいた。それらは格好の遊び場となって近くの子どもたちと走り回ったが、神社の寝殿の真裏には拝み墓（おがばか）※㊽が並んでいたし、少し離れた所にある先祖代々の墓地にもよく行った。神社から東にまっすぐ二百メートルほど進めば山の斜面を背にした別社があって、そこを南に曲がり山沿いの道を五十メートルほど行った所に埋葬墓地※㊾があった。

当時はおよそ二、三十坪ほどだっただろうか、その埋葬墓地に着くとまず大きな自然石に刻まれた曾祖父の名が目に入った。そしてその側らに墓碑を伴った立派な墓が建っていた。最も新しい墓石は曾祖母のもので、その横一列に並んだ中に祖母の名もあった。仏式とは違って、墓石には生前の氏名がそのまま刻まれていた。

自然石に刻まれたその墓石の列の後ろにはまた石が並び、さらにその後ろまたその後ろと列は重なり、奥まったあたりには、もはや墓石とは見えない摩滅した丸石が累々と積み重なっていた。少し高い段に設（しつら）えられた曾祖父の大きな墓石の所から見ると、その累々と重なりあった石群がよく見えた。

「あの石は何なん？」

おそらく小学校低学年の頃だったと思う。親族連れだって墓参した折、私は母にそんなふうに訊（たず）ねたことがあった。

「ああ、あれはな、みんなご先祖さんや」

「ご先祖さんって誰？」

「昔の人や」

「昔のどんな人？」

「ひいばあちゃん、覚えとる？」

「うん」

曾祖母が亡くなったのは私が五歳の時であって、その頃はまだその声色さえ耳に残っていた。

「そのひいばあちゃんのひいばあちゃんやな」

「えっ？　ひいばあちゃんのひいばあちゃん？……」

「ああそうや。それに、ひいじいちゃんのひいじいちゃんもおるわな」

「えっ？」

「そのまたじいちゃんやばあちゃんも、みんなあそこにおるんや」

「ええっ？」

「まあ、みんなお前の知らん人ばっかりや。母ちゃんも知らん人や」

「…………」

「みぃんな、あんな石になってしまうんや」

「………」

私は眩暈（めまい）を覚えた。それは、それから数年後に、宇宙が無限であることを知った時に感じたものと同じ眩暈だった。さらに後年、嵯峨野化野（さがのあだしの）の念仏寺を訪れた際、同様の眩暈と共に既視感（dejavu）にとらわれたが、それはその頃の記憶であったのだと今になってようやく気付いた。間抜けなことである。

それにしても、今にして思えばよくよく墓地に縁のある育ち方をしたものだと思う。そんな育ち方をしたためだろう、なんとはなしにご先祖のことに興味を持つ子どもであった。

中学校二年の夏休みに、私たち一家は母方の墓参りに訪れた。神道に盂蘭盆会（うらぼんえ）はないのだが、仏教と変わりなく例年同時期に墓参りを行っていた。墓参が終わって人々が居間で寛（くつろ）いでいる時、たまたま座敷で祖父と私は二人っきりになった。その時、どういうきっかけからか、

「じいちゃん。ご先祖さんってどんな人がおったん？」

と、祖父に先祖のことを訊ねた。

その経緯（いきさつ）は知らないが祖父は他家から養子に入った人で、寡黙でおとなしい人だっ

た。祖父の実家は遠くにある大きな神社で、長兄が跡を継いでいた。だが、末弟ではあるものの、どういう理由で祖父がこんなに遠くにある田舎神社の婿に入ったのか、私は知らない。ただ、いつだったか親類縁者の集まりで、小学校教師だった祖母を見て祖父が見初めたというような話が出、座が盛り上がったことがあった。まだ健在だった祖父もその座にいたが、酒に染まった顔をほころばすだけで特に何も言わなかったことを覚えている。

真偽の程は分からないが、祖父が祖母を喪(うしな)ってから三十五年という年月、鰥夫(やもめ)を通したことは事実である。その伝説を、私はあながち作り話でもないと思っている。

その祖父が、自室から丁寧に風呂敷に包んだ巻物を持って来て、私の目の前でその包みを開いた。

「見てみるか?」

言葉少なにそんなふうに言ったように思う。祖父は取り出した巻物の紐を解いて座敷卓の上に広げて見せてくれた。子ども心にも立派なものだと感心した。

それから後のことはほとんど忘却の彼方にあり、ただ、目を細めた穏やかな祖父の面影だけしか蘇らないが、とにかくその巻物を私は家に持ち帰っている。その時はまったく気付きもしなかったことながら、家伝の巻物をたとえ孫であるとはいえ、持ち帰らせるにはよほど思い切ったことだっただろう。しかも私はまだ中学生だったのである。今になってようやくそのことに気付いた。

家に持ち帰った私は、かなりの時日を費やしてそのすべてを書き写した。まだ見たこともない漢字だらけだった。鉛筆と消しゴムを使って、何度も書いては消し、消しては書くという作業だった。そしてそれは大学ノートにぎっしり四ページの分量となった。すべて書き終わった時の達成感はひとしおだった。

その巻物を座敷の床の間の前で返した時の、いつもと変わらぬ祖父の柔和な顔は覚えているが、どんな言葉を交わしたかはまったく思い出せない。その後、先祖に関わる話をしたこともなかったように思う。今となっては取り返す術のないことである。

その年の夏休みの自由研究課題はこのノートを元に作った。だが、学校の評価はまったく得られなかった。そして、提出用に大判用紙に書き写したその宿題作品はどこにも見当たらず、今はノートだけが書棚の奥に残されている。ただ書き写しているだけに等しく、ろくろく内容説明もしていないのだから評価など得られるはずがない。もっとも、今思えば人の出自に直接関わる内容に教師は困惑したはずで、取り扱いに苦慮したに違いない。そんなことさえ気付かないまま長い歳月が過ぎてしまった。

ところで、書き写した巻物の中身は、よく知られている家系図とは少し異なっていた。家系図といえば普通は親から子、子から孫へと辿る形となっているが、そのような枝胤を示すものはまったく見えず、僅かな文章はあるもののほとんどは枠で囲まれた名簿であった。つまり、代々の家主の名や生没などは分かるが、その家族のことは妻の名さえ記されていないのである。墨で隈取られた枠は空白箇所がいくつか残っており、記されている最後の枠の中に祖父の名があった。

けれども巻物であるからそれは開ききった最後の所であり、最初の部分からは遠い場所にあった。最初の所に文鎮を乗せ、祖父は巻物を手にゆっくりと開けていったように思う。私は並んでいる人の名の連なりに圧倒されたが、最も心に残っているのは、やはり冒頭の一文であった。なにしろ、それによって私は私の最も遠い先祖の名を知ることが出来たのである。

人皇六十一代朱雀天皇※50ノ御宇、土佐國百ヶ浦ノ住松浦河内麻呂次男松浦友吉、天慶三年伊豫國純友兵亂ニ際シ讃岐國ニ至リ……

＊ふりがなは筆者によるもの

母の実家の鼻祖※51、つまり最初のご先祖は、朱雀天皇の時代に土佐国百ヶ浦に住んでいた松浦河内麻呂の次男友吉という人で、天慶の乱※52に徴兵されて賊軍と戦い、戦後土佐には帰らずこの地に安住したことが分かった。当時の私はそれだけでも充分過ぎた。みずからの先祖松浦友吉が天慶の乱という歴史的事件と関わっているとは、にわかには実感出来なかった。その迂闊さは、つい最近までさほど変わらなかった。たとえば大学に入って土佐日記を深く学ぶようになって、紀貫之が海賊を畏(おそ)れて帰京の船を急がせた箇所を考察した時でさえ、祖父が見せてくれた巻物は思い出さなかった。

天慶の乱で明らかなように、四国を取り巻く海辺(かいへん)の人々の朝政への怨嗟(えんさ)は確かにあった。この古典文にはそうした社会状況も暗喩されている。そのような解説を耳にしながら、私はそれを把持(catch)出来なかった。朱雀天皇のことや天慶の乱について深く調べてみようという気持ちにはつながらなかったのである。そして結局、ノートはそのまま長い年月書棚の奥に眠ることとなった。

けれども妻の先祖調べが契機となって、みずからのルーツについて等閑(なおざり)にしていたことに気付いて愕然とした。みずからの愚昧さに呆れかえり、そしてようやく書棚の奥のノートを思い出した。ノート作成から実に四十五年もの歳月が経っていた。

何日もかけてそれを活字化し、かなりの時日を費(つい)やして内容考察を行った。少々長くなるがその一部を抄出する。

朱雀天皇は父帝醍醐天皇※53の崩御（延長八年〔九三〇〕九月二十九日）によって皇位に即き、足かけ十七年在位したが天慶九年（九四六）四月二十日、弟村上天皇に譲位した。この帝が在位した承平、天慶という時代は、天皇親政で有名な「延喜・天暦の治」※54の狭間にあって、藤原摂関家が外戚政治を強めていった時期に当たる。上流貴族の権力抗争に明け暮れる社会的破綻から、東に将門、西に純友の叛乱が起こった。

鼻祖松浦友吉は、その天慶の乱の際、賊軍を迎え撃つために徴せられて讃岐にやって来たようだ。

藤原純友が叛乱を起こしたのは天慶二年（九三九）十二月であり、それから一年半におよび瀬戸内一帯を席巻した。翌年八月十八日の「貞信公記」※55には、海賊が伊予・讃岐両国を襲い、さらに備前・備後の兵船を焼いた記事があり、他にも阿波、紀伊、周防、太宰府などの襲撃や迎撃の記録が残っている。

しかし、もともと伊予守紀淑人による懐柔策などがあって海賊の結束は脆弱だった。天慶四年（九四一）に入ると、二月に伊予国に出撃した兵庫允宮道忠用、藤原恒利らの軍勢に大敗し、五月には太宰府を攻めたものの追捕兇賊使小野好古の迎撃に遭って博多津にて壊滅した。そして翌六月、純友は伊予国日振島にて警護使橘遠保に討たれたのである。

友吉は、おそらく純友軍が讃岐国府（現在の坂出市）に迫った際、それを迎撃した朝廷軍の一員だったのだろう。また、伊予国への進撃に加わったかも知れない。いずれの戦いも熾烈を極めたようだが、結局純友軍は讃岐国府を抜くことは出来ずに退却し、伊予国において大敗を喫した。

友吉は兵乱に徴せられる人物だったのだから、壮健な若者であったことは間違いないだろう。あるいは、幾人かの家人※56を伴って従軍したかも知れない。

根拠は来歴の記述にある。百ヶ浦という地名や父親の名は、どことなくその地域を領有する氏族のたたずまいを感じさせるものである。加えて、友吉がその次男であると明記されているのは、しかるべき分限の者であったことを示していると考えてもよいだろう。それなら、冒頭の「人皇六十一代朱雀天皇ノ御宇」という物々しい書き出しも矛盾なく説明がつく。

またそうだとすれば、乱終熄後は治安維持のため駐留するしかなく、土佐に帰らなかったことも当然の成り行きであったと解釈出来る。「本朝世紀」※57によると、この年の九月二十日に五畿、丹波、播磨、美作、備前、紀伊、淡路、周防諸国に命じて兇賊（きょうぞく）に備えたとあり、同じく十月十八日には海賊の残党藤原文元（ふみもと）が逃亡途中の但馬国朝来（たじまのくにあさぎ）で討たれたとある。すぐに帰国など出来る状況ではなかっただろう。

この考察を行った際、私は土佐国の百ヶ浦という地名も調べた。高知県まで足を延ばし、図書館、資料館などもいくつか回ってかなり手を尽くした。その時刊行されていた二種類の地名大辞典もつぶさに調べた。けれども現在の高知県に百ヶ浦という地名はどこにも見当たらなかった。

従って、今のところ友吉の父松浦河内麻呂がどのような人であったかや、兄の名も不明である。また、友吉が故郷百ヶ浦をどのように懐旧したかも分からない。その後の彼の事績はただこの地に居留して子孫を残したことだけである。

友照、近友、明友、友直、友機、機友

これは友吉以後、鎌倉期までの二百四十六年間を生きた六代の人々の名である。だが残念なことに、それ以外の記事は一切ない。どのような人々であったかはもちろん、その生没年や行年さえ分からない。分かるのはその名と平安時代を生きた人々であったということだけだ。

この期間を、友吉を入れた七人で単純割りすれば、一世代約三十五年となるので、この記録に偽りはないだろう。あえて加えるなら直系胤嗣（ちょっけいいんし）、つまり友吉の子が友照、その子が近友という具合の継承順が分かるだけである。

機友の子友繼の代になって漸く（ようや）没年や僅かな事績が記載されるようになる。友繼は文治（ぶんじ）三年（一一八七）に八幡神社を建立してその宮司となり、三年後の建久（けんきゅう）元年（一一九〇）七月十四日に没したとある。そのことは、源平合戦という激変の渦中にあって、労苦の果てに神社建立が遂行されたであろうことが推察される。

平安時代後期、この辺りは平家や平家に近い人々の勢力が強かった。その平家が源氏によって滅ぼされたのである。屋島にもほど近く、あるいは屋島の戦いに関わったかも知れない。屋島の戦いは元暦（げんりゃく）※㊽二年（一一八五）二月十九日早朝、平家一門が再起の拠点としていた屋島城を源義経が奇襲し、海上に追い遣った戦いである。一の谷の戦いから一年後のことであった。

屋島合戦では佐藤継信の戦死、義経の弓流し、那須与一の扇の的等々、数々の有名な話が残されている。だが、「千疋」の地名由来から推察されるように、在地の人々の艱渋があったことはまぎれもない。義経は屋島攻めに際し、現在の高松空港周辺地域で千疋もの牛を調達しているのである。調達といえば聞こえがいいが、これは武力による徴用に他ならない。

つまり、この時期このあたりで源平の争いに巻き込まれなかった者などあり得なかったわけで、八幡神社建立の記事は暗にそうした事実を示している。何となれば、八幡神は源氏の氏神だからである。

考察はさらに続くのだが、この程度の引用で擱いておこう。ただ、先祖調べの最中、友繼が死去したその翌日七月十五日に、源頼朝が鎌倉勝長寿院において万燈会を催し、平氏の冥福を祈ったという記事を見付けた。偶然のこととはいえ因縁のようなものを感じた。

友繼以後祖父までの三十四代、綿々とこの八幡神社神官を受け継ぎ、途中からはその職掌と退隠の年月日も記載されるようになる。それらは省略するが、ひとつだけ記しておかねばならないことがある。それは姓氏についてであり、寛永二年（一六二五）

二月二日の第二十代神官友泰の死亡時の記事である。

　友泰ニ至リテ妻ヲ娶リ切紙勘定等ヲ持参ス。因リテ母姓ヲ冑ス。

とあり、これによって私の母方の氏姓は、この時からのものであることが分かった。今、母の実家の姓は松浦ではないのである。

友泰の先代は友善といい、慶長元年（一五九八）七月十四日に死去している。つまり、友泰は慶長から寛永という激動期を生きた人であった。この人が、豊臣家が滅亡し徳川幕府が確立していく時代の波濤に懸命に抗ったであろうことは、おのずと察せられた。姓氏変更はその証である。

もっとも以上引用した文章は、祖父から見せられた家系図だけを手掛かりに私が推考したものに過ぎず、実は昭和五十年四月一日に刊行された町史の中で神社の由来が説明されており、その内容と私の推考とは微妙なところで重なり、そしてすれ違いがある。

あえてそのことに触れるのは、この町史の編纂の中心となった方を存じ上げているからである。両親と懇意であったその方は、よく我が家にいらっしゃった。痩身でいつもきちんとした背広姿のその方は、私が最初に出会った碩学であったと思う。まだ少年だった私とはおそらく半世紀ちかい年齢差があって、いつもニコニコした笑顔を向けては下さったが、お互いの間にまともな会話が生まれようはずもなかった。

少年の頃に何とはなしにゆかしさを抱いたものの、成人した後ついにお近づきすることのないままその方は亡くなられた。それを伝え聞いた時、言いしれぬ寂寥感にとらわれたのを忘れられない。

そんなわけで、その方の詳細なご調査をまったく紹介しないというわけにはいかない。由緒説明の冒頭部だけではあるが、引用したい。

〔由緒〕七四六（天平十八）年に創建され、一一八七（文治三）年に橘重康が再興したものと伝えられている。「橘姓常包（たちばなせいつねかね）氏系図」にも、文治三年に橘重康がこの地に正八幡宮を祀ったことが記されているので、このころの創建と考えるのが至当であろう。（以下省略）

私は今、一人の中学生がこの方に家系書の写しをお見せしていたならどのように喜ばれ、且つ御教示をいただけたかと思うと、返す返すも悔やまれてならない。それはこの町史編纂期と私が家系図を筆写した時期が、ちょうど重なっているからである。

ともかく、私はこうした考察を行ううちに、先祖が如何に困苦を堪え忍んでその血脈を継いできたかを認識するようになった。若い頃にはほとんど意識しなかったが、こうした人々の裔（すえ）にみずからが存在することを漸く実感出来るようになった。そしてそれは、ものの捉え方に変化を及ぼした。歴史上の人物についても同様の意識を向けるようになったのである。

この墓碑銘の中にあった二つの人名は、そうした意識が捉えたものであっただろう。

# 五　墓碑銘の主

「孝徳帝（こうとくてい）※59第二子」、「新田左中将（にったさちゅうじょう）※60」という二人の人物記載によってにわかに興味を掻き立てられた私は、件（くだん）の画賛読解のまとめもそこそこにして墓碑銘を読み始めた。孝徳天皇の第二子表米（うわよね）親王を祖とし、新田義貞の部下であったというのが家系由来で、途中幾人かの先祖の名も記されていた。そして驚くべき事実を知った時、かつての先祖調べはこの人を発掘するための準備であったのかも知れないなどと、誇大妄想めいた思いさえ湧き起こった。

　私は取り急ぎ画賛の読解内容をA４用紙三枚にまとめ上げ、まずは佐藤氏に電話連絡した。今回は秋場氏に直接送付したい旨を伝えるためである。

　元々、昨秋、写真まで添えた礼状をいただきながら、何の返礼もしていなかったことが気に掛かっていた。加えて、この機会に秋場氏と直接連絡を交わしたいという気持ちが抑えられなかったからである。それには住所も教えてもらわねばならず、失礼だったがそれをお伝えすると佐藤氏は快く承諾して下さった。

急いで秋場氏への手紙の原稿を打っていると、横から妻が声を掛けてきた。

「あなた、それ秋場さんへの手紙でしょ？」

「ああそうだけど」

「じゃあ、それを印刷して出すつもりなの？」

「うん、そうだよ」

「それって失礼じゃない」

「えっ⁉」

「だから、ちゃんと便箋に書き直すんじゃないんでしょ？」

「あー、そうしてもいいけど、ちょっと時間かかるしなぁ。今回は急いで出したいんだ」

「いいわ、任せなさい。書いてあげるから」

「えっ⁉　書いてくれるんだ？」

「そりゃそうよ。だって佐藤さんのおつき合いする大切な方なんでしょ？」

「まあそうだけど。……そりゃありがたいな」

「それじゃ、すぐに書いてあげるから印刷しなさいよ」

「うん。書き終わったらすぐにプリントするから、ちょっと待っててくれ……」

いつもお世話になっている佐藤氏のことなので、妻は極めて意欲的である。そんなわけで、お便りはすべて墨筆で認めて送ることが出来た。投函は四月二日だったのだが、それから一週間もしないうちに丁重な返信が届いたのには、少しばかり気が咎めた。

秋場氏が妻の筆跡に驚かれた証拠だが、ちょっと申し訳なかったかとも思ったのである。今時、墨筆の便りなどを出すと、先方によっては不要の気遣いをされることもあるからだ。だがその時は、これまでいくつもの貴重な品々を拝見させていただいているのだから、それ相応の礼儀として問題ないだろうと判断したのであった。

開けてみると、便箋四枚のお便りと、A４用紙二枚にまとめた所蔵資料や説明、それに追伸が添えられていた。

案じたこともなく秋場氏は大層喜んで下さったようで、便箋には好意溢れる言葉が並んでいた。まずは胸を撫で下ろしひと安心した。そればかりか、ありがたいことに、文中には私が知りたかった墓碑銘の主に関わる情報も記されてあった。

それを見ていよいよこの人物への興味は深まり、それから四月いっぱい墓碑銘の読解に力を注いだ。

ところで、予め断っておかねばならないことがある。それはこの作中では墓碑銘の主の名前を明かさないということである。その事情に触れておきたい。

実はこの「覩壮日札（とそうにっさつ）」は、この時書き始めた作品のいわば副産物のようなものだ。その作品はいくぶん形にはなってきたものの、まだ草案の域を脱してはいない。まだ充分な調べが出来ていないからだ。とにかくこの墓碑銘に刻まれた人物の生涯を描こうとしているのだが、調べた範囲ではこの人物に着目した著作物はなかった。ただ、名だけは知る人もあろうから、中途半端な段階で取り上げては却って混乱を招くことを案じるわけだ。

むろんこの世にそのような人物は無数に存在する。だがこの人を知った時、何故か私の琴線に触れるものがあった。それは直感といってもいい。名状しがたい情動に衝き動かされたのである。

従って、いずれ必ずやこの人物のすべてを明らかにしたいと考えている。そのため、私はその作品のプロローグになればよいという思いでこの一文を書いている。読者諸氏におかれては、どうかこの人の名が分明でないもどかしさをお許しいただければと願う次第である。

ところでそうは言っても、墓碑銘の読解がたやすく行えたわけではない。画賛でさえ大変だったのだ。その二倍半もある分量の銘文が、そうやすやすと読み取れるはず

がない。一山越えればまた次の山、という有様で容易に前に進まない。呻吟する私の様子を見かねた妻は、

「無理するんじゃないわよ」

と、心配そうだ。

「いやはや、大変なんだ」

と、いつもなら強がる私が、素直に愚痴る為体である。

「頼まれたわけじゃないいんだから、もうやめたらどう？」

妻はすかさず誘惑する。

「ああ、それはそうなんだけどなぁ……」

「そうでしょ。無理する必要ないんだから。佐藤さんだって何も言わないわよ」

たたみ掛けてくるのも、絶妙である。依頼されたことではないと知っているからだ。

「でも、全体としては分かってきただけに、このまま途中で止めるのはなぁ……」

「じゃあ、しなきゃ仕方ないじゃない」

内容に関心のない妻はどっちでもいいのである。

「いやぁー、でも困った……」

諦めきれないので何か手掛かりがあればと思い、思わせぶりにカマを掛ける※㊶。

「何が？」

ありがたいことに乗ってくれた。

「いや、最初の箇所はほとんど分かるんだけど、途中にまったく手に負えないところがあるんだ」

「そーぉ、見せてくれる？」

今日は機嫌がいい。快晴だ。

「ここ、ここ。こっちの部分がこれなんだけど……」

私は楷書に直した用紙と元の写真の両方を見せ、その箇所を指で示した。

「何よ、ずいぶん楷書に直ってるじゃない」

「そうなんだ。行書や草書じゃないから、漢字はほとんど読み取れるんだ。それに、□の字も横に朱(あか)で書いてある。たぶんそれだと思う。一応、確認してほしいんだ」

「なーんだ。それじゃ、私の出る幕ないじゃない」

根っからの女優である彼女は、主役を取れないと機嫌が悪くなる。

「いや、まあ、とにかくこの二行を見てくれよ」

天候急変を恐れた私は、慌てて用紙の中の二行を指し示す。

「どれよ！」

「それと、こっちの写真のこの部分と……」

妻は互いを見較べる。

やれやれ、天気の崩れは免れたようである。妻は熱心に両方を見較べ、

「そーねぇ、間違ってないようねぇ。朱の字のところもそれでいいと思うわ」

と言う。

「そりゃよかった。確認してもらうとほっとする。自分だけじゃ自信もてないしなぁ」

と、すかさず胡麻を擂(す)る※㊷。

「じゃあ、いいじゃない」

「それはそうなんだけど……」

「けどって、何よ？」

「見ての通り、字は間違ってないと思うんだ。だけど意味がさっぱり分からないんだ。正直言ってまったく読み取れない」

「あなた、こないだもそう言ってたじゃない」

「ああ、そうだった」

「でも、ちゃんと出来たじゃない。これだってそのうち分かるわよ」

「……いや、画賛だってちゃんと出来たわけじゃない。分からないところがあるまま

何とか体裁を整えただけだ」

「じゃあ、これもそうすればいいじゃない」

「そうだなぁ、そうしなくちゃならないかもなぁ」

「そうしなさい」

実に明解である。竹を割ったような性格が羨ましい。だが、そう納得してしまったのでは目的が達せられない。恐る恐る尋ねた。

「……で、何か気付くところないかなぁ？」

妻は改めて両者を手に取った。そしてしばらく矯(た)めつ眇(すが)めつ※⑥③写真と印刷を見較べていた。こういうところ、物堅く親切なのだ。私は少し期待した。しばらく思案顔をしていた妻は、やがて顔を上げ、思いきったように言い切った。

「そぉーねぇ、ホントにさっぱり分からないわねぇ」

「そうなんだ……」

期待はやはり失望に変わるのだ。これは不滅の箴言(しんげん)※⑥④である。

「じゃ、やっぱりこの前のようにするしかないわね」

箴言と言えば、次のような言葉がある。

彊弩の末力、魯縞に入る能わず。〔漢書・韓安国伝〕

強弓で射た矢は近ければどんなものでも貫くが、飛んでいくうちに勢いを失ってついには薄絹を通すことも出来なくなる、という意味である。竜頭蛇尾と同義のこの言葉はまさに言い得て妙、この時の私だった。矢はほとんど地面に落ちかけていた。私が呻吟し尽くし、妻にも見せて解読のヒントを得ようとしたのは次の二行である。横に朱字で書いていた箇所が□部分だ。

曰□□之浮騰伊布裳播豆可走素乃□知爾多我
波慈登□徹胡□□都久世度亦足以観其志操□

先ほど妻に見せた際、こんなやりとりもしていた。

「この行の最初の字は曰くに間違いないよな」

「そうね」

「その次の字はたぶん『毋』でいいよな。中が点々じゃなく、つながっているからまさか母じゃないだろ」

「ええそうみたいね」

「だとすれば、次の字を仮に『能』だとして『之(これ)ヲ能(よく)スル母(な)カレ』と読めるかも知れない」

「……」

「……でもって、最後の方の四文字は『爾(なんじ)を知る』とか『我多く』とかかなあ。それから次の行の下にあたりは『以て其の志操(しそう)を観る』だよな」

「まあそうでしょうね」

「とにかく、最初の部分の浮騰にしても『浮キ騰(あが)ル』か『騰(あが)リテ浮ク』か分からないけど途中の『走る可(ベシ)』と同じで、何とか読めそうではあるんだ。でも、その前後とはまったく結びつかないんだな。どう調べてもそれ以外の文字は意味不明だ。考えれば考えるほど、いったいどうなってるのか分からなくなってしまう」

「そうなの?……」

「だから、ちょっと違った目で見てもらいたい。何でもいいから、気付くことがあったら言ってほしいんだ。何かのヒントになるかも知れない」

「そうねぇ。まあ考えとくわ。コピーしてくれる」

　ところが、妻もいろいろ考えたようだが読解につながるヒントは得られず、結局そこからは一歩も進展しなかった。

はかばかしい成果のないまま時間ばかりが過ぎて、丸一日をほとんど無駄に過ごした夕刻だった。私が疲れ切った目でぼんやりと「日」に続く箇所を眺めていた時、妻が声を掛けてきた。

「さっきのところだけといい？」

「ああ、どうかしたかなぁ？」

「ええ、ちょっと気付いたんだけど、『母(なカレ)』って言ったわよね？」

「そうだけど……」

「これって母じゃいけないの？」

「えっ？　母!?」

「後は読めないんだけど、母なら読めそうじゃない？」

「……あっ、そうか！」

「そうなの、母だと……」

「もののふ！」

「そう、『もののふ』って読めるんじゃない？」

「すごいよ。その通りだ。ありがとう！」

「いいえどういたしまして。後は分からないけど、役に立ったならよかったわ」

そう言って妻はキッチンに行った。

絶対に『毋(なかレ)』だと思っていた最初の一字は「母」だった。

妻にそれを指摘された途端、後の部分はまるで奇蹟のように一瞬にして読めた。私は興奮した。何度も何度も声を出して読み上げた。そして間違いではないことを確信した。

母能之浮騰伊布裳播豆可走素乃美知爾多我波慈登濃徹胡祜漏都久世度

それがこの部分である。最初分からなかった□部分の文字など調べる必要もなかった。一文字を除けばすべての字は**そうとしか**読めなかった。

すぐに分かった方は、敷島(しきしま)の道(みち)※65の上手である。全部で三十一文字、見事に五七五七七の言葉の並びだ。初句が「もののふと」と分かった瞬間、後は流れるように読み下せた。

そう、種を明かせばこの部分だけは漢文ではなかったのだ。

もののふと　いふもはづかし　そのみちに　たがはじとのみ　こころつくせと

漢字仮名交じりにすれば、

武士(もののふ)と言ふも恥づかしその道に違はじとのみ心尽くせと

歌意はあえて必要なかろうが、一応、解説も加えた形で例示しておく。

（この頃はみずからをご大層に）武士だと広言して（威張り散らしている者が多いが）まことに恥ずかしい限りである。（真の武士ならば）武士道から外れた行いをしないよう、ただそれだけをひたすら心掛けよ。と（、言いたい）。

画賛を読解する際、あれほど思い込みはいけないと学んだのに、同じ過誤を繰り返してしまった。掛けていないはずの色眼鏡を掛けていたのである。もっとも、あの時の教訓が逆に仇(あだ)になったとも言えることだったので、つくづく物事は一筋縄ではいかないものだと思い知った。

前回とは逆にこの三十一文字だけ漢文ではなかったわけで、つまり万葉仮名（まんようがな）※66と同じく漢字を表音文字として使用していたのだ。漢文として読もうとしても読めるわけがない。先ほどの妻とのやりとりは道化師（ピエロ）そのものである。人生で幾度（いくたび）このような道化を演じなければならないか想像すると心昏るる※67思いがした。読み解けた喜びばかりではなかったのである。妻に指摘されなければ、いつまでも迷妄の中で喘（あえ）いでいたに違いない。

ちなみに、妻の卒業論文は万葉集をテーマにしたものだった。万葉仮名と仮名書道の知識を共に持つ彼女は、いわば真名（漢字）と仮名の区別なき世界を体得している。その自由な目が、「母能之浮」を「もののふ」と判じたわけである。

ところが、私は船に乗って無理矢理山に登ろうとしていた。無理を通せば窮屈だと漱石は言ったが、私にはその無理を通せるだけの力量などない。

ただ、引っ掛かる文字が一文字だけあった。それは「徹」だ。流れるように読み下したのは本当だが、この「徹」だけは前後の関係から「み」と勝手読みした。「徹」に音訓何れも「み」の読み方がないのは分かっていた。念のため漢和辞典を引いてみたが、音読みは「テツ・テチ・デチ」、訓読みは「とおる・とる」で、やはり「み」とは読まない。しかし、名前に使われる読み方が八通りあって、その中に「みち」があった。今はそれを根拠として「違はじとのみ」と読むしかないと判断している。

結局、考え尽くしたなどと思うのは人間の浅はかさだと身に沁みた。そもそも、人間は考え尽くすことなど出来ないのだ。失礼、また主語を替える悪い癖が出た。主語は人間ではなく、私である。

ただ、今回は特別な感慨もあった。このことは青年の頃の私からの贈り物であったと思った。学生時代から三十代半ばまで、私は和歌を専門に学んできた。新古今を軸として万葉、古今を学び、教授に誘われるままある短歌結社に所属して短歌創作も行った。

そうした過去の修学が偶然このような形で生かされた。おそらく万葉仮名を知らず短歌の調べが身についていなかったなら、あのように読み下すことは出来なかったであろう。努力や勉励は大切なことである。けれどもそれがにわかに成就（じょうじゅ）するとは限らない。また、どのような形で生かされるかは予想出来ない。短歌創作から遠ざかってすでに三十年以上の歳月が流れた。けれども、思いがけない形でその頃身につけた感性が呼び覚まされた。人の営みの益無益は一概に断じられることではない。しかし、時にこのようなことも起こり得るのである。

じつはこの二行が卒然として明らかになったことで、墓碑銘の残りの箇所も何ほどもなく読み解けた。それは、地表を覆っていた雪が陽射しを受けて溶けていくような感じだった。この二行部分、いや三十一文字は碑文全体の精髄(essence)であった。素子(element)と言ってよいかも知れない。それほど重要な箇所だったのである。

大袈裟に言えば、地に落ちるはずの矢は薄絹(うすぎぬ)ではなく素子を捉えていた。私の射放った矢は地に落ちる寸前、はからずも素子に引っ掛かっていたのである。啓示(けいじ)※68とはこのようなことを言うのだと思った。

私は、いよいよこの人を知りたいと思った。そして再び、秋場氏に手紙を認(したた)めた。読み取った墓碑銘草稿を、白文、書き下し文、現代語訳それぞれの項目に整理し、最後に私見を付けた。私見は全体の半分ほどにふくらみ、全部でA４用紙五枚の分量になった。

その五枚の用紙に前回ほど長くはないものの、妻清書の便りを添えてすぐに郵送した。

今度もすぐに返信があったが、前回とは違って直接ではなく佐藤氏を介してであった。封を開けると、そこには封筒と八枚の写真が入っていた。封筒にはお便りが入っていて、八枚の写真のうち四枚は最初に見た五言絶句と同じ隷書体の書で、あとの四枚は墓碑銘原稿の写真だった。

最初に感じた通り、前回のものは下書き草稿であったようだ。今回のものが墓碑銘の最終稿であろう。前回のものと見較べてみると、いくつかの文字が変更されていた。推敲の跡を見ることが出来て、ちょっとした感動があった。多少なりとも創作の経験を持つ者にとって、推敲の跡を目にすることはいわば作者の心に入り込むようなものである。百五十年も昔の人の心の揺らぎを実感出来たのである。

写真が四枚になっていることから、元の原稿も大きいようである。私はメンディングテープを取り出して四枚の写真を貼り合わせた。ほぼA４サイズとなって文字も明瞭に読み取れた。貼り合わせると一行三十字、横十七列に並んだ隷書文字は、そのまま碑面に刻めばよい割り付けとなっていた。これが碑に刻まれたものだと確信した。

# 六　水海道へ

すぐにでも実際に墓碑を見てみたかったが時期が悪い。このコロナ禍の状況では安易に旅行など出来ない。この三月には、コロナ禍で二年間中止となっていたとあるパーティーが再開されることとなり、その案内状が届いていた。例年五月の連休中に大阪で催されるこのパーティーには毎回欠かさず出席していたし、三年ぶりでもあったのでとても行きたかったのだが、迷った末に顔を出さなかったのである。

「すみません。いつものメンバーにも声を掛けたんですが、どなたも今回は見合わせたいということでした。私もずいぶん迷った末にそうさせていただきました。申しわけありませんでした。久しぶりに皆さんのお顔を拝見したかったので残念です」

「いえいえ、いいんですよ。こんな時期ですから、四国から来られるのはちょっと無理でしょう」

「それで、パーティーはいかがでした？」

「ああ、けっこうたくさんの方が出席してくれました。こんな時なのでありがたいことです」

「それはよかったですね」

「ええ、これまでの立食形式に代えて座席移動をしない形にしたのですが、それはそれでよかったですよ」

これはパーティーの主宰者側のお一人との会話である。パーティーが終わって半月ほど経ったある日、伝えなければならないことがあって電話を入れると、屈託のない明るい声でパーティーの様子を語ってくれた。やっぱり無理をしても出掛けた方がよかったかも知れないと、私はちょっと後悔したのであった。

けれども一度も訪れたことのない水海道に足を向けるのは、さすがに躊躇われた。場所も遠い。前回の秋場氏のお便りには熱烈歓迎という言葉さえあって、そのご好意をありがたくは思ったのだが、状況は芳しくない。様子を窺っていたが、コロナ禍終熄の見通しは一向に見えてこない。しかし五月も終わりに近づいて、この夏の間には何とかしなければならないという思いが募ってきた。

そんなある日、妻を伴って車で行かなければならない用事が出来た。目的地まで一時間以上かかったので途中他愛のない会話を交わしていたのだが、ふと思いついて水海道への旅について話題を向けた。

「ところで、いいかな？」

「なんですか？」

こんな時、妻はワザと他人行儀な言葉遣いをする。あえて冷たい対応をしても必ず話し出すというのが分かっているのだ。私は聞いてあげるんですよというスタンスをとるわけだ。

「実はな、すぐにではないけど、秋場さんのところに行こうかと思ってるんだ」

「…………」

「で、それについてちょっと話を聞いてほしい」

「……いいわよ」

「この間からモノを書いてるのは知ってるよな？」

「何言ってるのよ、知ってるよな？　なんて。あんまり根をつめちゃダメよ」

いきなりするどい返し技である。しかし、ここで怯（ひる）んではいけない。返し技は柳に風で受け流し、

「……佐藤さんからこの間送られてきた漢詩を見せただろ？」

と、巧みに体を入れ換える。

「……あら、あれってもう読めたの？」

佐藤さんを出して凌ぐのが一番で、功を奏したようだ。やや言葉が柔らかくなった。

「ああ、今度のは漢詩だし隷書体ばかりだから、たぶん読みを手伝ってもらわなくても出来そうだ」

「あっ、そ」

私が困っている方がいいみたいで、何だかつまらなさそうだ。

「まあ、数日中には出来そうだ」

「よかったじゃない」

ちょっとがっかりした声である。

「うん、そうだな。去年は大変だったけど、今度のは隷書で何とか文字は分かるからそうでもない。こないだの画賛の方が大変だった。それに勉強になるから楽しい。知らなかった言葉なんか出て来て勉強になる」

私は素知らぬ風を装って話を続ける。何とかこっちのペースに持ち込まなければならない。

「たとえば?」

ありがたいことに乗ってくれた。こうなるとこっちのペースに引き込める。

「うーん、そうだな。たとえばキンゾクとかケイシュウかな」

「なにそれ？」

「キンゾクは花の名前だから、当ててみなよ」

花の話題なら必ず興味を示すはずなのだ。

「えっ、お花の名前？」

「ヒントはゴールドの『金』と穀物の『粟』って書く」

「えー、なんでしょ。金の粟なんて……」

完全にこっちのペースに嵌まった。

「第二ヒントはケイシュウで、これは『桂』の『秋』って書く」

「桂の秋……？」

「うん、この『桂秋』は桂園さん、自分の号に『桂』って付けてるくらいだから好きな時季だったんだろうな。陰暦八月のことなんだ。陰暦だから秋は七、八、九月、つまり八月は仲秋。今なら九月下旬から十月くらいにあたる」

「へーえ、そうなの」

「で、どうかな花の名は？」

「そうね、考えてみたんだけど、たぶん菊じゃないかしら。季節が秋だし、今の西洋花じゃないしね。まあこれでもお生花（せいか）をしてるのよ。お花のことならあなたよりは上よ。……そう、菊だと思うわ」

自信ありげである。実際にその通りであって、私は花の名なんて常識的なものしか分からない。床の間や玄関の生花が替わるたびに妻の蘊蓄を耳にするのだが、一向に頭には残らないのである。今回は菊だったからよかったが、他の花だったら妻のペースに嵌まるところだった。

「失礼しました」

ここは素直に脱帽するしかない。

「キンゾクが菊のお花ねえ……、でも何で金の粟なんていうのかしらね」

「ああそれは、辞書には菊の花の形容だって書いてあって、菊の花びらの密集が粟粒の集まりのようにも見えるということらしい。他には木犀（もくせい）もやっぱり『金粟』って言うらしい。確かに金木犀だったら大きさも粟粒に近いし似てるかな。桂園さんの桂は金木犀が由来らしい。でもこの詩では盃に浮かべてその香りを楽しむ内容だから、たぶん菊だと思うんだ。菊酒だね。重陽（ちょうよう）の節会（せちえ）※69で盃（さかずき）に菊の花びらを浮かべて飲むというあれだ」

「へーえ、そうなの。桂園さんってそんな優雅なことしてたのね」

「まあ、この詩は明治二十年代のものだし、何と言っても名主さんなんだから、人が集まって酒宴なんかもしてたんだろうな。だって、幕末には吉田松陰を始め有名無名の知識人がやって来て、徹夜で国事を談じたって人だ。明治になってもそう変わらなかっただろう」

「よく聞いてなかったけど、吉田松陰が秋場さんのところに行ったのっていつ頃のことなの？」

——妻は一時期、松陰のファンだったことがある。もっとも、歴女の中には松陰ファンは多いようで、ある時松陰を描いた映画が掛かっていたので入ってみると、テレビ画面から抜け出してきたような若い女性が客席の真ん中に一人陣取っていたことがあった。観客は十人ほどしかいなかったが、薄暗い館内の中央にピンク色の衣裳と金髪に染めた頭部のふくらみが浮き上がるので、私たち夫婦は思わず顔を見合わせたものだった。

ところが、映画が始まって予想だにしなかった光景を目にして、我々夫婦は映画観賞どころではなくなった。彼女はスクリーンの中の松陰と一体化して身を捩（よじ）らすのである。もちろん他の観客を憚（はばか）ってずいぶん辛抱しているようではある。けれども松陰が苦難に陥るたびに、身も世もあらず身体が自然に動き出すといった様子である。まさにスクリーンの中の松陰そのものとなっていた。我慢して声を押し殺している気配は否応(いやおう)なしに伝わってくる。しかし時折堪えきれずに洩れてくる吐息で、観客たちは映画を見るどころではない有様だ。

実際、客席中央には誰も近づかない。途中から入場してきた客が知らずに近くの席に座って、一、二分で慌てて遠くに移動することもあった。

身はたとひ武蔵の野辺に朽ちぬとも留め置かまし大和魂

松陰辞世の和歌が詠まれ、伝馬町獄舎で斬首されると、彼女の忍耐もそこで尽きた。声を押し殺すこともなく啜り泣くのである。もはや周囲を憚(はばか)る気力も失ったのであろう。私たち夫婦は映画より遥(はる)かに素晴らしいものを見た感動で、暫(しばら)くの間席を立つのも忘れていた。映画の内容などどこにも残らなかった。

予想外に用件が早く終わり、帰りの新幹線までの中途半端な時間をつぶすため、大阪のどこかの商店街にあった映画館に入っての体験である。もし、私たちに時間の余裕があったなら、おずおずと声を掛けていたかも知れない。

人を見掛けで判断してはならないことを、あれほど痛感したことはない。わけ知り顔に歴史上の人物を論ずる人たちより、遥かに深く松陰を理解する人がいるのだ。吉田松陰が清廉無私の人だったことは間違いない。女性たちは、命をも顧みずただひたすら世のためを思って行動した姿に憧れるのであろう。理想への憧憬である。あるいは清らかなるものへの渇望（かつぼう）だろう。

映画館で見たこの若い女性も、おそらく彼女の現実では満たされない心の渇きを、この世に実在した限りなく清らかな魂に触れることによって癒やしていたのであろう。

——それはともかく、妻の質問に答えなくてはならない。

「……ああそれなぁ、実はちゃんと調べてないんだ。でも、たぶん東北遊歴をした頃だと思う。松陰が藩主に従って江戸に入ったのは嘉永四年三月だ。その年の末に藩の許可が出ないまま東北の旅に出て会津も訪れている。で、それを咎められて萩で謹慎の身となって士籍も剥奪されるんだ。その後また江戸に出て、ペリーにアメリカ密航を願ったのは嘉永七年の三月だ。西暦は一八五四年。実はこの年、十一月に改元されて安政になる。ややこしいだろ。まあ、大抵は安政元年に統一されてて、嘉永七年というのはあんまり見掛けないな。平成三十一年と令和元年の関係と同じだ。とにかく、秋場家を訪れた時松陰は二十代半ばにもなっていない……」

「じゃあ、松下村塾っていつなの？」

「それもちょっとややこしいんだな。玉木文之進って覚えてるかなぁ？」

「松陰が頬を掻(か)いたからって、折檻した叔父さんでしょ」

「うん、その通り。松下村塾は松陰が開いたと思われてるけど、元々は玉木文之進が開いた塾があって、それが発展したものなんだ。天保の頃だから一八四〇年代だな。大次郎、つまり松陰はまだ少年で、折檻の話の通り文之進に教わってた頃だ。で、一般には松陰が主宰するようになった安政四年の終わり頃に出来たってことになってる」

「あら、寅次郎じゃなかったの？」

「ああ、そうなんだ。松陰は例の無断遊歴のあと通称を松次郎って改めてるし、寅次郎と名乗ったのは獄舎に入ってかららしい。遺書とも言える留魂録には二十一回猛士と書いてて、猛は虎の徳だって言ってる。とにかく、ただでさえ短かった生涯の中で、寅次郎だった時期は僅かみたいなんだ」

「ふーん、ややこしいのね」

「そのうち塾生が増えていって、塾舎が新築されたり、藩の許しが出たりしたんだけど、行動が過激過ぎて、松陰が直接門下生に教授出来た期間は実質一年そこそこかも知れない。安政の大獄で江戸送りになったのは安政六年五月だからな。密航未遂から僅か五年後、一八五九年のことだ。いつも思うけど、幕末期って時間の流れが余りに急激だよな。それから十年も経たないうちに明治だもんなぁ」

「そうなの。……じゃあ松陰と桂園さんってずいぶん年齢（とし）が違うのね」

「うーん、桂園さんは四十代だな、……確かに松陰は若いよなぁ。まあ、この松陰や橋本左内（はしもとさない）※⑩といった優秀な若い人を処刑した安政の大獄が、幕府の寿命を縮めたんだな。彼らが生きてたら、あんなふうに幕府が滅びることはなかっただろう。まったく違った歴史になってた。井伊直弼（いいなおすけ）※⑪も徳川幕府を滅ぼした一人だろう。何てったって戊辰戦争で彦根藩は新政府軍に加わってる。幕府権力を強めようとしてまったく逆効果になったってわけだ。今だって同じで、何かに固執（こしつ）しても、歴史の流れに逆らうことは出来ないと思うよ。それに、彼らが生きてたら、日本の近代化も違ってたかも知れない。……ああそういえば、松下村塾は明治になって玉木文之進たちが再開してるんだ」

「あら、そうなの？」

「えーと、明治二十五年だったかな、そのくらいまで続いたらしい。そうだ、佐藤一斎※72の話をしてたよな」

「ええ、言志四録（げんししろく）※73の話ね」

　最近何冊か手に入れた儒学関係の書物のうち「言志四録」を気に入って読んでいる妻は、時折内容紹介をしてくれるのだ。まだ断片的にしか知らない私にとっては耳学問が出来てありがたい。なにしろ千を超す条目が詰まっているのだ。西郷隆盛のように遠島にでもなれば読破出来るかも知れないが、とてもたやすく手を出せる代物（しろもの）ではない。

「松陰で思い出したんだけど、佐藤一斎と松陰は同じ年に亡くなってるんだ」

「あら、そうだったの。佐藤一斎は長生きしてるわ」

「うん、たしか米寿で亡くなったと思う」

「そうだったわ」

「松陰が処刑される僅か一か月くらい前に亡くなってるんだ。まさかそんなに近くだったとは知らなかったんでびっくりした。当時の人だから一斎の長寿もすごいよな。桂園さんは佐藤一斎にも学んだらしいんで、念のために没年や年齢を調べてみたんだ。すると二人の年齢差は四十一歳。つまり桂園さんが二十歳の時一斎は六十一歳で、先生とボクの年齢差とほぼ同じだ」

「まあ」

「というわけで、桂園さんは佐藤一斎から直に指導を受けてるのは確実だ。桂園って人は佐藤一斎に学び、若い松陰とも語り合ってる。それに緒方洪庵や伊東玄朴とも交流があった。それだけでもちょっと考えられないことだろ?」

「桂園さんってそんなにすごい人だったの」

「そうなんだ。調べれば調べるほどすごい人だったようなんだ。そうでなければ、何代も後のお宅にこんなお宝があるはずがない」

「そうなのね。じゃあ、重陽の宴なんか当たり前なのね」

「ま、そうかな」

「じゃあ、秋場さんとおつき合いしてる佐藤さんもすごいじゃない」

「そうだなぁ、確かにそうだ。よくおつき合いさせてもらってると思うよ」

「ありがたいわね」

「うん、こんなお宝に関われるのは佐藤さんのおかげだもんな」

「そうよねぇ」

「で、話は戻るけど、漢詩四首とは別にこの間の墓碑の原稿の写真がまた入っていたんだ」

いよいよ本題である。

「あら、そう。どうして？」

「どうも、前回のは最初の草案、つまり下書きだったようで、今度送ってきたのが碑になっているらしい。まあ、内容はほとんど同じでいくつか文字の修正があるだけだから、それはどうでもいいんだ。秋場さんもこの墓碑にはあんまり興味があるようじゃない。ご自分のご先祖じゃないからね。でも、ちょっと調べてみて驚いたってことは手紙に書いてあった」

「ふーん、どうして？」

「ああ、それは例のあれだよ」

「あっ、秋場さんもあのことをご存じなのね」

墓碑銘の内容が分かって以来、私は妻に繰り返しこの墓碑銘に関係する人々について語ってきた。妻にはそうした知識があったので、特に説明する必要などなかったのである。

「秋場さんも、所蔵品についてはずいぶん調べられたようで、学者さんたちにも調べてもらったらしい。でも、何故秋場家にそんな所蔵品があるかは学者さんたちにもよく分からないらしく、はかばかしい返事は得られなかったようだ。手紙の文面にはちょっと不満らしい感じがあったけど、それはそうだろう。学者さんたちだって、分野が違うんだから分からないだろう。手紙の文面が本当だとしたら、まったく見当違いの回答をされたようで、まあそれは仕方ないけど……」

「どうして？」

「その学者さんたちは医学とか漢学の方々らしい。秋場桂園さんがどういう人だったかは、そうした面からしか把握していない。蘭方、つまり医学の分野や漢学者としての面といった方向から見てるだろうから、その所蔵品の由来なんて想像もつかないだろう。答えの出しようがない」

「そうなのね」

「さっき、吉田松陰や佐藤一斎のことに触れたけど、桂園という人にはいくつもの顔があると思う」

「いくつもって？」

「まず江戸時代の名主さんだろ、そして旗本家の代官だし用人でもある。この身分と主従関係はしっかり捉えておかなくちゃならないんだけど、もう一つ重要な点があると思う。それはこの旗本の当主と桂園さんが同い年だという点だ。つまり主君と家来ではあるけれど、単なる主従関係じゃなかったと思うんだ」

「えっ？　それってどういうこと」

「うーん、まあそんな勘がするだけだから妄想かも知れない。でも、ただの妄想でもないと思う。いくつかの事実があって思うんだ。とにかく、主人の最期を看取って墓碑銘まで建てている。それだけじゃないんだ。どうも桂園さんの所蔵の品、つまり秋場家に残されているものの中には、その主君から託されたものがあると思うんだ。由来が分からない品はたぶんそれだ。ただの主君と家来じゃそんなことないはずで、よほど深い関係だったと思うんだ」

「深い関係って？」

「うん、この主君と桂園さんのことを知った時、伊賀上野藤堂家の若殿蟬吟（せんぎん）※⑭に仕えた芭蕉のことをすぐ思い出したんだ。封建時代の主従関係には、現代人の感覚では想像も出来ない深い間柄もあるんだ。それもさまざまな形で……。この若殿と芭蕉の関係は色んなことを言われているけど、とにかく彼の人生そのものとなった俳諧の道に導いてくれたのが蟬吟だったことは間違いない。勘なんだけど、桂園さんが佐藤一斎からも学ぶことが出来たのは、この主君が関係してるんじゃないかと思ったからなんだ」

「へーえ、そうなの？」

「まっ、それはそのくらいとして、儒学者であり、勤王家であり、蘭学者とも関係を持っている。それに最初に触れたのは漢詩人としての一面だった。たぶん、まだ分かってない面もあるだろうから、そう簡単に捉えられる人物じゃないんだ。そんなわけでやっぱり一度秋場家にお伺いしたいんだ」

「…………」

「ちゃんとご挨拶をして、こちらの意向も説明したいわけなんだ」

「…………」

「できれば、所蔵の品を拝見させてもらいたい」

「…………」

「正直言って、桂園さんは史料があり過ぎて手に負えない。だって、佐藤さんを通じたものだけでも青息吐息の有様だ。まあ、医学関係のものは大学で研究されているようだから安心だけど、漢詩文は膨大に残されているようだから想像しただけでも恐ろしい」

「専門家じゃないものね」

「そう、だから興味を持ったのはその主君の方で、その人のことなら歴史に埋もれた人物の発掘という点でなんとかなると思ったんだ。不遇に終わった人物には妙に肩入れしたくなるんだな。ちょっと義憤のようなものも混じって書き始めたんだけど、何と言っても史料がなさ過ぎる。無名の人だもんな。たぶん直感通りの人だと思うんだけど、想像だけじゃ書けないんだ」

「それは先生のおっしゃってたことと同じね」

「そう、先生の教えだな。先生は学究の世界だからさらに厳密だ。だけど、小説だって実在した人物について書く場合は同じだ。いい加減なことを書いちゃ、その人を冒瀆することになる。出来るだけ事実を集めなきゃ書いちゃいけないと思う。事実を踏まえて解釈が異なるのはいいんだけど、よく調べもしないでいい加減なことを書いちゃいけない」

「それは、そうでしょうね」

「そういうわけで、行き詰まってるってわけなんだ」

「書けないわけね？」

「そうなんだ、書くに書けなくって困ってる」

「でも、何か書いてるじゃない。それは何？」

「ああ、それなぁ。……それは、まあ外堀かな」

「外堀って？」

「うん、主人公本人じゃなくて、その周辺の内容ってこと」

「ふーん」

「この人そのものの具体的史料は調べた範囲じゃ、あんまりないんだ。まあ、これまで誰も注目していなかったんだな。でも、この人は出自がはっきりしているから、そのご先祖のことは書けるわけだ。孝徳天皇の皇子なんてとんでもなく古いのはともかく、清和源氏のことや新田義貞のこと、それから家康に仕えたご先祖のことなんかはエピソードとして使える。まあ、その辺のことを調べて書いてる」

「そうなの……、でもまさか車で行こうとしてるわけじゃないでしょうね？」

「えっ⁉」

「だめよ。そんなところまで運転して行っちゃ！　身体が持たないじゃない」

「まさか、そんなことしないよ」

「そーお？　ホントに？」

「運転なんてとんでもない。だって茨城県だよ。カーフェリーじゃ時間の無駄だし、全部高速で行くのはさすがに自信がない。まあ、十年か二十年くらい前だったら行ったかも知れないけど、行くなら飛行機しかないと思ってる」

「あらそういうつもりだったの。じゃあ行ってきなさいな」

意外だった。こんな時期に茨城に行くなど、妻は反対するに決まっていると思っていた。ところが、妻が懸念していたのは移動手段だけだったのである。

# 七　桂園先生碑

　先行して書いていることはすでに述べた。そして妻とのやりとりによって、茨城の秋場家に伺うつもりであったことはご承知の通りである。

　ところがコロナ蔓延第七波の兆しが見え始め、様子を窺っている内にその勢いが熄むどころではない状況となっていった。そればかりか、これまで比較的感染者数の少なかった四国も安心出来なくなり始めた。人口密集地中心だった感染状況はいつのまにか変容し、みるみるうちに全国すみずみにまで広がっていった。

　もっとも蔓延防止特別措置法は出されなかった。若年層の感染者が多く、比較的軽症の場合が多かったからである。高齢者の感染率は低く、重症者、死者の数も確かに少なかった。好きな言葉ではないが蛇の生殺し※(75)である。

　そんな状況に滅入っていた私は、とうとう我慢出来ずに佐藤氏に手紙を書いた。五月も終わろうとしていた。気が急いている私は手紙を投函したその夜、佐藤氏に電話を入れた。

「藪から棒に申しわけありません。実はお手紙を差し上げましたので明日か明後日届くと思います。驚かれては申しわけないので、前にそれをお知らせしておこうと……」

「どうかなさったのですか？」

「はい、実はお願いがありまして、詳細は手紙に書いてありますのでお読み下さい。ただ、その前に直接お願いもしておかなければと思ってお電話しました」

「……はあ」

「実は昨年来拝見させていただいている秋場家の品々についてのことですが、ちょっとよろしいでしょうか？」

「いいですが、何でしょう？」

「そうそう、先日は秋場さんのお便りも送っていただいて、ありがとうございました。秋場さんからのお手紙を拝見して私も安堵しました」

私はまず先日の礼を伝えた。

「ああ、それはよかったです……」

私の電話の意図がまだつかめない佐藤氏は、不得要領（ふとくようりょう）ぎみの声である。

「すみません。どう切り出していいか分かりませんが、今回は用件に添えて私が最近書き始めた小説もどきの文章を三枚入れてあります。まだ草案の段階ですが、原稿用紙にすれば五十枚くらいになっていて、お送りした三枚は冒頭部分です。原稿用紙で十枚くらいでしょうか、……内容は先日秋場さんに直接お送りしたあの墓碑銘の主のことを書いたものです。詳しくは手紙に書いています。あつかましいお願いですが、端的に言うと秋場さんにそのことをお伝えいただき、もし関係する品があれば拝見させていただきたいということです。もちろん、こちらから秋場さんのお宅に伺ってお願いしたいのですが、こんな状況ですので安易にそうも出来ません。そこでご面倒ですが、まずは佐藤さんから私の意向だけ伝えていただきたいというお願いなんです……」

私のぶしつけな話に、佐藤氏もちょっと驚いたようである。けれどもちょっと間を置いて、次のように言った。

「……ほう、そうですか、分かりました。すぐにお伝えしておきましょう」

この方はまことに悠揚とした人物である。ご当人はそのご自覚はないようだが、まったく俗臭がなく恬淡とされている。私のぶしつけなお願いも全然頓着していないようで、あっさりお引き受け下さった。

さて、そんなやりとりがあった数日後、再び佐藤氏に電話を入れる機会が出来た。

「先日はぶしつけなお願いをして申しわけありませんでした」

私は用件の前に先日の礼を言った。すると佐藤氏は思いがけないことを口にする。

「ああ、あの件ですが、電話しようと思っていたんです」

「えっ、そうでしたか」

意外だった。鷹揚(おうよう)な佐藤氏が、そんなに急いで秋場氏に連絡をして下さるとは思っていなかったのだ。電話では、何かの用事のついでで結構ですともお伝えしていた。まだ数日しか経っていないので、連絡などまだされていないと思ったからこそ別件電話を入れたのだ。

「送って下さったお手紙も書かれた作品も拝見しました。作品は大変力の入ったものだと思いました」

「あっ、それはどうも……」

「それでですね、すぐにコピーして秋場さんに郵送いたしました」

「えっ、そっ、そんな……、どれをですか？」

まったく思いがけない言葉に私は絶句した。まさか文書をコピーして秋場氏に送られるとは思ってもみなかったからである。

佐藤氏には今回はお口添えしていただくだけで、秋場氏には電話でそれをお伝えして下さるだけだと思っていた。その首尾を伺った上で、私の方から改めて詳しくお願いするつもりだったのだ。そのためには、佐藤氏にも私の真意をお伝えしておかねばならないと思って書いたものである。だから秋場氏に見てもらうようには作っていなかったし、まして作品草案など参考程度のものだった。そんなこともあって、どの書類を秋場氏に送られたのか尋ねたのである。

「ええ、全部ですけど」

しかし佐藤氏は平然とそうおっしゃる。私は狼狽えて言葉も出ない。

「………」

「いえね、電話で伝えたのでは充分にお気持ちが伝わらないかも知れませんので、そうさせてもらいました。人を介すと間違いが起こることもありますでしょう。それにしてもずいぶん力の入った文章で、お気持ちがよく分かりました」

声も出ない私に、佐藤氏はおだやかな声でそうおっしゃる。もはや私はまともに応えることが出来なかった。

「ああ……、そうですか。……けれども、あれはいわば妄想で書いたものだし、草案に過ぎません。いや、困ったな……。でも、……そうですか、仕方ありませんよね……」

と、しどろもどろである。内心では、先方にいきなりコピーを送った佐藤氏が恨めしかった。私の思いを綴った文書はまだいい。けれども、小説もどきの草案をそのままコピーして送られることになろうとは、思ってもみなかった。まだお会いしてもいない方に、あんな駄文を見られたと思うと身が縮む思いがした。

しかし佐藤氏はしゃらっとした声で、

「秋場さんは喜ばれると思いますよ。きっとお返事があるはずです」

と、いたって平静におっしゃる。

あまりの事態に頭が混乱してこの件についてはそれ以上何も言えず、本来の用件もそこそこに電話を切った。

作品冒頭の出来事は、それから三週間後のことである。

例年なら六月は鬱陶しい梅雨の時季なのだが、今年は違った。いわゆる空梅雨（からつゆ）であり、雨がほとんど降らないばかりか快晴の日さえあった。例年、この地方では夏の渇水に悩まされ、今年もその懸念が話題となり始めた。

けれども佐藤氏との電話以来、ぷっつりと音信が途絶えてしまっていた。たかが三週間ばかりではあった。けれども私にとっては長い六月だった。漸く（ようや）田に水が張られてあちこちで田植えが始まったが、私はぽつぽつと資料蒐集（しゅうしゅう）に明け暮れる日々を過ごしていた。

そんな折にレターパックが届いたのである。乾いた大地に文字通り渇望した恵みの雨が降りそそぐ――。ポストからレターパックを取り出した時の私は、おそらくそんな農家の人たちと同様の歓喜に包まれた。そしてその重みに期待を膨らませた。

部屋に入った私は急いでレターパックを開封した。それから後のことはすでにご承知の通りである。

期待は失望に終わらなかった。私の望みはそれによって叶えられた。送られてきたレターパックには、膨大な史料が詰まっていた。庶幾（こいねが）っていた根本史料が現れたのである。殊に「観壮日札」を目にして、私の直感は間違っていなかったと思った。

けれども、よくよく眺めているうちに、そう喜んでばかりはいられない事態を招いたことに気付かされた。これまでさまざまな手段で手に入れた書籍はすでに数十冊になっていたが、今回の品はそれらとはまったく違っていることに気付いたのである。

今回送って下さった史料写真は、本来なら私ごとき者がおいそれと目にすることは出来ないものばかりである。それを認識した瞬間、背筋がうそ寒くなった。そして私は、自分が実に軽率だったことに気付かされた。「瓢箪（ひょうたん）から駒（こま）※76」という言葉があるが、安易に墓碑銘の主に関わる情報を求めた私の行為は、途轍（とてつ）もなく大きな事態を引き起こしたのである。当初の喜びは、たちまち不安に変わった。

旗家門や塗箱、免許状などはまだいい。調べればある程度のことは分かるからだ。けれども一幅の書軸、あるいは書翰となると読み解くだけでも徒事ではない。それはすでに詩文、画賛、墓碑銘で経験済みである。その内容を読み取るだけでも膨大な手間暇がかかるだろう。正直なところ私の力量ではとても手に負えない。最も肝心な「観壮日札」にしたところで、その全文を読解するだけでもかなりの時間を要するだろう。一か月程度では全容を読み取ることは難しい。時日が明らかなだけに、歴史的検証も加えなければならないだろう。その手間を考えると気が遠くなった。何しろ百四十四日間の記録なのだ。

私は愕然とした。しばらくは何も手が付かない放心状態となった。私の実装メモリーではとても処理出来なかった、というのは決して誇大表現ではない。

だが、これがきっかけとなって、秋場氏と直接お話することが出来るようになったのは大きな収穫だった。

最初の電話であるにもかかわらず、不思議なほど隔てなくお話しすることが出来た。このような品々をお持ちの方なので、正直なところ私はちょっと身構えていた。ちょっと古いが俳優なら佐分利信※⑺のような方をイメージしていた。ところが私が思い描いていたイメージと、電話の向こうから聞こえてくる秋場氏のお声とはまるで違っていた。想像よりずっとお若い声に、佐分利信の顔はたちまち消え去った。

「……とにかく、メールアドレスをお知らせ下さい」

話が一段落すると秋場氏はそうおっしゃって、私のパソコン用アカウントを尋ねられた。ほとんどメール交換をしない私はすぐにアカウントが答えられず、慌ててパソコンを立ち上げた。

「すみません。パソコンは苦手で……」

「分からなければスマホの方でもいいです」

そうおっしゃるが、スマホの方も分からない。まったく時流には乗れない性格なのだ。そういえば何時だったか、「メル友」を「メルユウ」と読んで生徒たちに爆笑された。私の語感では「マル優」に近い「メルユウ」の方がしっくりしたのだ。

「いいんですよ。それじゃあ、後でいいですからお知らせ下さい」

氏はとても親切だ。

「あっ、待って下さい。パソコンが立ち上がりました」

漸く立ち上がったパソコンをいじくり、メール画面を表示して何とかアカウントをお伝えした。その日の夜九時前のことだった。何故時間が分かるかと言えば、この後間を置かずに氏から届いたメールに二十時五十四分だった記録が残っているからだ。

送られてきたメールにはパソコン用、携帯用、汎用四種類のアドレスと、電話番号、住所が整理されてあり、クリックするだけで此方からも連絡が出来るように作られていた。

「とても初めてお話ししたような気がしません。本当にありがとうございました」

私がそう言うと、

「こちらこそ、とても気持ちよい時間を過ごせました」

と、逆に感謝して下さる。

「ありがとうございます。これも秋場さんを紹介していただいた佐藤さんのおかげです。お話しする機会がありましたらよろしくお伝え下さい」

「あっ、そうですね。確かに佐藤さんのお人柄が、私たちを引き合わせて下さったのですね」

いつも思うことながら、人の出会いは不思議である。そしてやはり直接触れ合わなければ分からないことがある。電話越しではあったものの直接秋場氏とお話が出来たことによって、私が抱いた不安は少しだけ取り払われた。

それでも膨大な史料を前にして私は途方に暮れていた。雑事に紛れている間はいいが、自室に入れば厭(いや)でも史料と対峙しなければならない。とりあえず「覩壮日札」のファイルを取り出して、ぽとぽとと軒端の雨雫が垂れるような緩慢さでパソコンキーを打ち始めた。

そんな時、秋場氏からメールが届いた。この間の電話から三日後のことである。何だろうと思って開いてみると、ＪＰＥＧ※⑱ファイルが添付されている。メール文にはＰＤＦ※⑲ファイルの方がよければ知らせてほしいともある。ＪＰＥＧ画像は「桂園先生碑」で、紫陽花も写っているのでつい最近撮影されたものらしい。写真は得意分野なので調べてみると、撮影日がつい先日の六月十七日であることも分かった。一見しての直感は当たっていた。

冒頭部分で紹介した碑がこれで、送っていただいた中にこれとは別の写真を印刷したものも入っていた。だがそれは葉書サイズの大きさで、しかもプリントは鮮明ではない。とても碑文を判読出来るものではなかった。氏はそれを気にされて、わざわざメールで別写真を送って下さったのだ。

私は早速画像ファイルを取り込み、Ａ４サイズで印刷した。だがそれでも碑の刻文は判読出来ない。そこで刻文の箇所だけ切り取った新たなファイルを作成し、さらに画像処理を加えて印刷し直した。何とか文字判読が出来るようになったものの、それでも苔などが付着してよく見えない文字がある。

一文字一文字確認して、三行までは活字に起こせた。ただし、判読不明箇所はいくつもあった。

秋場翁墓碑銘　日本弘道会長正二位勲四等伯爵徳川達孝（さとたか）※⑧篆額

この最初の一行に記された人物は、碑文の揮毫者である。徳川幕府が滅んだ後、徳川宗家第十六代を継いだのが家達（いえさと）※㉛という人だったことはよく知られている。だが、よほど歴史好きでもない限り、この人が田安徳川家の出身だったことまで認識されている方は少ないと思う。この碑文を揮毫した徳川達孝はその家達の実弟で田安家第九代当主である。父は第五代、八代と二度の当主となった慶頼（よしより）であり、達孝の名に兄と同じ「達」があるのは偏諱（へんき）を与えられたからである。

ただ、碑文の最初にあったこの人の位階勲等を見て、少し気になる点があった。そこで調べてみたところ、勲四等旭日章受章は明治三十九年（一九〇六）四月一日、正二位は昭和九年（一九三四）六月一日に授かっている。そして二年後の昭和十一年十二月二十五日には勲一等瑞宝章を授与されている。つまり、見た瞬間正二位勲四等という記載に不自然さを感じたのは正しかったのである。

勲四等と正二位には二十八年の間隙がある。もし勲四等の頃なら従三位でなければならないし、最高爵位なら正二位勲一等でなければならない。しかし残念なことにその検証が出来ない。刻文最後の行の上部にこの墓碑の建立年があるらしいが、経年劣化がひどく写真では判読出来ないからである。プリントだからかも知れないとJPEGファイルをディスプレイ上に開いてその部分を拡大した。しかし、いくら目を凝らしてみても、最後の五月だけしか分からない。年号と年数がまったく読み取れないのである。

秋場桂園は明治二十八年（一八九五）五月十四日に八十四歳で亡くなっている。従って墓碑が建てられたのは、早くとも明治末から大正始めだろう。揮毫者の爵位から推考すると、昭和九年頃であった可能性もある。しかし墓碑写真からそれを確認することは出来なかった。

そうこうするうちに七月となり、様々な出来事に忙殺されて日時ばかりが過ぎていった。

ところが、思いがけないところからこの疑問が解けた。秋場氏は大正八年（一九一九）十二月七日発刊の「いはらき」という当時の地方新聞の紙面を送って下さっていた。件のA４用紙に印刷されたものの一枚である。現在の茨城新聞は、当時「いはらき」と表記されていたようである。

そのことをすっかり忘れていた私は、ある日それを思い出してファイルをめくった。当初はよく確認していなかったが、目を凝らして見るとかなり状態もよくそのままでも読めるところがあった。丁寧な説明のある大きめの付箋が貼られてあって、改めてそれを読んだ。説明によるとこの紙面は現在の茨城新聞社にはなく、県立資料館で保存されているとあった。だがそれもほとんど判読不明であるとのことだが、秋場家に残された紙面はちゃんと読み取れる状態である。

早速ファイルから抜き出して確認すると、紙面の下段に掲載されている連載小説の文字は最もはっきりしていて、すべて読めるようだ。「愛の輝」九十九回、猛獣三とあり、作者は渡邊默禪という人である。冒頭には春子という女性に春策という男が迫る場面が描写されていた。大正期の大衆小説や風俗を研究する貴重な史料となるはずである。

しかし私が見たいのはそれではない。紙面はほとんど秋場桂園の記事で埋まっているのだ。つまりこの日の「いはらき」新聞は桂園が特集されているわけで、秋場家で大切に保存されていたのも納得出来る。祖先を大切にすることが後世に貴重な文化遺産を残すこととなった好例だ。

連載小説以外はすべて桂園関係の記事で、三箇所に画面掲載もある。中央上部に桂園先生碑、右中央と左下方に書が掲載されている。右上部のものは桂園筆の二行詩に古稀記念の肖像画が丸抜きで加えられてあり、左下方の五行詩は桂園知己の儒者の作だ。

冒頭は飯村丈三郎という人が書いた「桂園先生」という記事であった。ところが送っていただいた写真では、上部の写りが悪くて不明瞭な箇所が多い。そのままでは読み取れない。そこで私はルーペを持ち出して覗いて見た。七倍に拡大すると文字の潰れがはっきり見える。拡大しても読めない文字があることが確認出来た。だいいち文章すべてをルーペで覗くなど出来ることではない。数行で目が回ってしまう。

だがせっかく手掛かりをつかんだのに、ここで諦めるわけにはいかない。しばらく思い迷っていたが、思い切って秋場氏に電話を掛けた。午後三時過ぎだった。まだお仕事中かも知れず迷惑かと思ったが、優柔不断で後悔するよりましだと考え直したのだ。

「こんな時間にお電話して申しわけありません。お忙しかったんじゃありませんか?」

「いえ結構ですよ。何でしょうか?」

「はい、実はお願いがあるんです」

「ええ、何でしょうか?」

「お送りいただいた史料の中に『いはらき』新聞がありましたが、そのことなんです」

「はい、それがどうか……?」

「ええ、実は今、桂園さんの墓碑銘を読んでいるのですが、『いはらき』新聞の紙面に貴重な内容がありまして、……送っていただいているものではよく判読出来ないところがあるんです。そこでメールでそのファイルを送ってもらいたいんですが、お願い出来るでしょうか?」

「なーんだ、それくらいわけありません。すぐにお送りしますよ」

「ありがとうございます。助かります」

「ああ、でもあの新聞のことはご存じですよね。県立資料館のものが判読出来ないとか……」

「ええ、読んでいます。丁寧な説明を付けていただきありがとうございます」

「ああそうでしたね」

「……ところで、本当によろしいんですか?」

「なんでしょう?」

ある出来事から八月になってにわかに秋場氏との電話のやりとりが頻繁になり、今回電話したのもその流れがあったからだ。その八月最初の電話の内容については改めで紹介するが、その折、互いの気持ちを伝え合っていたのである。

「いいえ、先日お伺いしたことですが、本当に私が書いているものをそのまま世に出しても差し支えないいんでしょうか？　こんな時代ですからプライバシーや肖像権などの問題もあります。なにしろご説明しました通り、この作品では実名を出さざるを得ません。それに、秋場さんのお持ちの品は、私の認識では所蔵権も生じてくる貴重なものだと思います。そんな大切なものを、私のような者が公にしていいんでしょうか？」

「あ、そのことですか。何をおっしゃいます。私は、私が死蔵してはいけないという思いだけなんです。とにかく先祖がこれまで残してくれた品々を、私が失くしてしまっては申しわけない。まして、誰かの持ち物となって隠れてしまうことも望みません。多くの人たちの目に触れることは、ありがたいことです。先生のように、私の持っているものをそのまま紹介してくれる方を願っていました」

「それはありがたいと感謝しています。けれど私は学者でもないし、何の権威も持っていない素人ですよ。ほんとにいいんですか？」

「何をおっしゃいます。先生の書かれた中に私の名前が出るのは光栄ですから、お好きなようになさって下さい」

随分買い被られたものである。何か思い違いされているようなのだが、私に好意を向けて下さっているのはよく分かった。私はただ、そのご好意に報いなければならないだけだと思った。

とにかくそういうわけで、「いはらき」新聞のファイルをすぐに送っていただいた。電話から三十分と経っていなかった。

そのファイルを見ることによって、また新たなことが判明した。とはいえ、二度あることは三度ある。私は画賛と墓碑銘で過ちを犯したが、今度も似たようなことをしでかしていた。何はともあれ「いはらき」新聞紙面の二箇所を抜粋する。

桂園先生　飯村丈三郎

本日は水海道の諸君が、同町の碩學故秋場桂園先生の建碑除幕式を行ふので、東京よりは日本弘道會長德川達孝伯爵がご来臨になり、來縣では力石知事が臨席され、相共に故人に因める民□涵養の講演を成さる筈……

桂園秋場翁墓碣銘……（□文）

日本弘道會長正三位勲四等伯爵德川達孝篆額

明治壬午年の春、川田甕江（かわだおうこう）※㉜桂園秋場翁を余に介して曰く、翁は素封家を以て文學を好み、一方の徳望海内回遊の士多く就て□道す。吾亦曾て一たび訪て厚遇を受く……

碑文の写真から読み取った徳川達孝伯爵の爵位は、これによって正三位勲四等であったことが分かった。また、記事文面から墓碑建立がこの新聞の発刊日、大正八年（一九一九）十二月七日日曜日であることも確認出来た。それによって経年劣化して読めなかった五月の上の文字は、おそらく明治乙未年であることも分かった。桂園の亡くなった明治二十八年（一八九五）の干支である。

ということは、たとえこの部分の経年劣化がなくとも、爵位の疑問は解けなかったということだ。

実は、私は達孝伯爵の栄典授受をあれこれ調べた。けれども正三位を授与された時期については調べきれなかった。ところが、この新聞記事は正三位勲四等伯爵であったことを明白に示している。このことは、いかに客観的記録というものが大切であるかを教えてくれた。

それはつまり明白な事実というものである。碑文を写した写真画像はいわば伝承のようなものであり、私が三の真ん中の一を見落としたように、事実とは異なる認識をなしうることがある。つまり、写真画像に頼らず、実際の碑文を確認していればこのようなことは起こらなかったと思うのだ。ともかく、謎を解くには事実を判明させるしかなく、それには念には念を入れなければならない。そして何事も出来うる限り直接目にして確認しなければならないということを思い知り、水海道を訪れなかった優柔不断な自分を悔やんだ。

だが、そんなことを悔やんでいても仕方ない。

とにかく碑文の読解を続けると、写真では読み取れなかった部分も「いはらき」新聞の記事によってベールを外したように明らかになった。碑文に刻まれている桂園の略歴や業績も、そのまま新聞で解説されていた。判読困難だった箇所もほとんど読み取れるようになった。

そうやって碑文の内容がつかめるに従って気が付くことがあった。それは人名の多さである。揮毫者を始め桂園の経歴に関係する人物が次々と登場する。殊に儒者であり漢詩人としての師弟関係などはかなり詳しく説明されている。そうしたことによって、他と較べたわけではないがこの碑文は普通より人名が多いのではないかと思った。ただ、今ここでそれらのすべての人々の紹介はとても出来ない。それを行えばとりとめもないこととなるのが目に見えているからである。それほどに桂園という人物の人脈は広い。いずれこの墓碑の内容と共にこの碑文にある人々について紹介する機会もあろうが、今その余裕はない。

そうは言っても、この碑文の起草者を省くわけにはいかない。墓碑銘は初め川田甕江の手によって起草された。徳川達孝伯爵は明治十五年（一八八二）春、川田甕江から桂園を紹介されたと記している。だが、甕江は桂園の後を追うように翌年二月に亡くなった。そこで未完成となった墓碑草稿は、その親友三島中洲※㉝が引き継いで完成させた。しかし、墓碑建立に至るには実に二十五年もの年月を要したため、その中洲も碑の完成を待たず、この年五月に死没した。ちなみに、死因は当時流行していたスペイン風邪感染であった。

ところで、桂園追慕特集とも言える「いはらき」新聞には面白い企画がなされている。桂園を追慕する漢詩、短歌、俳句がそれぞれ掲載されているのである。

追慕の漢詩が詠まれたこともさることながら、門人の華洲渡邊孚という人の七言排律を筆頭に、十二首もの漢詩が三段に亘って載っているのは壮観である。今では漢詩を創れる人を探すのも容易ではないだろうから、以前述べた私の憂慮もお分かりいただけるかと思う。百年の歳月はこれほど人のありようを変えるのである。

説明ばかりでは埒※㉔があかない。以下これらの漢詩、短歌、俳句をいくつか紹介しておきたい。ただし、漢詩は紙面を割くので絶句二首に留めた。

東京　文荘　石川　兼六

逍遙塵外享遐齢　講學循々有典刑
今日貞珉謀不朽　温恭德與桂花馨

桂園先生建碑所感

葆光　草間　泰次郎

廿五春秋夢裡過　人心輕薄果如何
貞珉高處仰厚德　報國寺滲感慨多

桂園先生の建碑につきて

久慈　大高　龜之助

世中の人のもつれも我が大人の筋道きけは解けつやはある

結城　蕗田　清一

道の爲つくしし勤留めんと桂の園に立つる石碑

水戸　小瀧　健
今も尚残る言葉の花紅葉春秋かけて匂ふたふとさ
三妻　倉持　國之助
いさをしは石ふみのもにあらはれて人皆仰く桂園の君

秋場桂園翁建碑所感俳句
除幕式だんだら坂に散る紅葉　瓜庵
除幕する堵列の人に散る紅葉　仙舟
偉人の碑此の凩に除幕式　無門
小春日や記念碑廻る赤蜻蛉　蛙人
愛藏の遺墨の軸也寒の菊　樂彩

掲載されている漢詩のほとんどは門人たちのものだったし、短歌や俳句を見ても桂園との交流があったと思われる人々の作品が並んでいる。漢詩漢学の分野はむろんのこと、この地方の師表となる人物であったことは明らかである。

また人脈の広さにも感心させられたが、資料調査をしていく中で明治十年（一八七七）に没した木戸孝允（きどたかよし）※㊺の墓碑銘起草を命じられたのが川田甕江で、完成させたのが三島中洲だったことを知って驚嘆した。桂園という人物の大きさは想像を超えるものだった。

しかしこの事実は、一方で本来の目的を呼び覚ます効果をもたらした。そもそも私は秋場桂園という人ではなく、その主君への興味からこうした作業を始めたのである。ところが、次々と現れる史料は桂園という人物の大きさばかり確かめられるもので、この墓碑建立に至って極まった。これほどに功績を讃（たた）えられ、しかもその生涯を全う出来た人物がどれほどあるだろう。もちろん、桂園の業績を貶（おとし）めようとしているのではない。その栄誉に些（いささ）かの瑕疵（かし）もない。

けれどもその主君のことを考えると、この家来の栄誉が大きければ大きいほどその影が深くなるのである。私は、主従の余りに対照的な運命の帰趨（きすう）を思わざるを得なかった。数多の人々から顕彰され、木戸孝允と同等の扱いで除幕式さえ行われたのが家来の方で、主君の墓はその家来の手によって密やかに建てられている。

同年生まれの主従だが、失意のうちに五十七歳で不帰の人となった主君と、人々から景仰を受けながら八十四歳の天寿を全うした家来の、その運命の差異を思うといたたまれなくなる。

しかもこれまで多少なりとも主従の生涯を調べて来た私は、両者に人間としての違いはないことを知っている。いずれ劣らぬ優れた人たちである。それどころか桂園は、主君を誇りに思い敬慕さえしていたと私は思っている。主君の墓碑を建てたのは桂園に違いなく、そこには主君を讃え追慕する内容が刻まれている。その碑文の内容を見たからこそ、私はこの人に惹かれたのである。にもかかわらずその晩節の哀れさはどうであろう。

私は、菅原道真（すがわらのみちざね）※86が明石の駅長に口詩（くし）したという一句が脳裡に浮かんだ。

　駅長驚くこと莫かれ時の変改
　一栄一落是れ春秋

ある僧侶の書にあるというこの詩句を、道真は呟（つぶや）くように吟じたという。その明石の地の風景が目に浮かんだ。私は十数年前にその地を訪ね、道真のみならず源平合戦ゆかりの地も巡ってきた。そして彼らの辿った運命の無常を思った。それは幽（かす）かながら遥か先祖にも関わりのあった無常である。

そんなことをあれこれ思いめぐらしているうちに、私はふと秋場氏との会話を思い出した。それは書き進めている作品のことであり、先日から私の心を覆っている膨大な史料に関わることでもあった。

「……多くの若い人たちにこの史料を見てもらって、歴史の事実を知ってもらいたいんです」

「とおっしゃいますと……？」

「ええ、実は私は、父から家伝の品を軽々しく人には見せないように戒（いまし）められています」

「えっ⁉　それじゃあ、何故……？」

「そうなんです。私の父は元々は所蔵の品を快く人に見せていました。でも、あることがあって考えを改めたようです。それを私に戒めたわけです」

「それは……？」

「お察しの通りです。私はまだ小学生でしたが、父は私を連れてとある大学の研究室を訪ねました。用件はお貸しした品を返してもらうためでした。それは所蔵しているもののなかでも重要なものだった……」

「………」

「ところが、その教授は預かってはいないと言うのです。私はまだ幼かったから、その品をよく覚えてはいません。けれども我が家にとって大切な品で、父は確かに教授に渡していたのです。当然信頼していましたから受け取り書類なんか作ってはいませんでした。そして、その教授のお弟子さんが、その品を元に論文を書いて発表しているのは事実なんです。動かぬ証拠があるのです。それでも教授は白を切りました。とにかく私もそこにいましたから、詳しい内容はともかく、どんな話をしているかは分かりました。……立派な大学の名のある先生でした……」

「へーえ、そうなんですか。……そんなことがねぇ。でも、それじゃあ何故?」

「ええ、それなんです。何度もお話ししましたように、私は先祖から伝えられたこれらの品が失われる虞(おそれ)を抱くようになったのです。我が家の宝ですが、それだけのものではないと思っています」

「おっしゃる通り、貴重な品だと私は思います。失礼な言い方ですが、お家の宝を遥かに超(こ)えて歴史的に貴重な品だと思います」

「ええ、そうおっしゃっていただいてありがたい。とにかく、今のうちにこれらの品をちゃんとした形で残しておきたいんです。このまま失ってしまったのでは先祖に申しわけない。分からないながら整理し始めたのはそういう思いからです。戒めは戒めとして、父も失ってしまうことは望んでいないと思い始めたわけです」

「それはそうだと思います」

「ですから、先生のような方を待っていたようなものです」

「えっ⁉」

「とにかく、私は持っていても書いてある内容が分からない。でも、先生は読んで下さる。ちゃんと読んでその内容を教えて下さる」

「でも、それはちょっと違ってまして、ちゃんと読めているわけじゃないことはお伝えした通りです。ただの物好きな素人で、こんなすごい物を見せていただいて、ただただ驚いているだけです……」

「何をおっしゃいます、そんなことはないでしょう。そんなふうに読んでくれる人はいませんでした。それにお話ししていてよく分かりました。私の持っている品をいちばん理解してくれていると……」

「………」

私は嘘をついていたわけではないのだが、買い被りを通り越して秋場氏は私を疑っているらしかった。もちろんそれはよい意味でである。

「先生、ホントのことを教えて下さい。佐藤さんと同窓なんでしょ？　もちろん学部は違うでしょうけど……」

「ああ、やっぱりそう思われていたんですね。それは思い違いをなさってます。私は佐藤さんのように優れた方とは違います」

「ええ、あの方は傑物です」

「あっ、そうですね。確かに傑物というのはぴったりです」

「ですから、先生がただ者でないことは分かっています」

「うーん……、そーですか。いやー、そうまで誤解されては仕方ありませんね。それじゃあ、お恥ずかしいことながらすべてお話ししなければなりませんね……」

この時、秋場氏の方から御尊父に伴われて体験なさった秘事を打ち明けられたことによって、私も佐藤氏との間柄などについて包み隠さずお伝えせざるを得なくなった。そして、学歴、経歴と共に、若い頃に思い切ってのめり込めなかった文学や芸術への未練もあって早期退職したことをお伝えし、つい言わずもがなに多少知っている学者の世界のことなどにも話が及んだ。

むろん、学究の世界に入りたかった私を大学の恩師がやんわりと窘(たしな)めて下さったのは、それだけの能力も熱意も持ち合わせていなかったというのが真実だ。さすがにそこまで詳しいことまでではないものの、とにかく秋場氏にありのままの私をお伝えした。

「……そんなわけですから、私はホントにただの素人なんです。ですから秋場さんのご期待にお応え出来るような力なんて持ってないんです……」

「……そうだったんですか」

「はい、申しわけないんですが、そういうことなんです。私はただ、私の心が捉えたこの人物のことを明らかにしたいだけなんです。私の直感は間違っているかも知れません。それに、二重に申しわけないんですが、桂園先生のことは本当にすごい人物だと理解していますが、それだけに私の手には負えないというのが正直なところなんです」

「……そうだったんですね」

「はい、申しわけありません」

私はただ、みずからの軽薄さを謝るしかなかった。

「……でも、それならそれでいいんです。先祖が残してくれたものによって歴史の事実や真実が明らかになるなら、それが一番です。先生のお好きなようになさって下さい」

「えっ？」

秋場氏が私のことを認識違いされていたのは仕方がないとして、思いがけなかったのはそれ以後の展開である。秋場氏は、それまでに増していろいろなことを知らせて下さるようになったのである。

つらつら考えてそうだったと思った。秋場氏のおっしゃる通りなのだ。秋場氏が私に史料を委ねたように、私もまた運命に委ねればよい。それが私の為すべき道だということに思い至ったのである。

この時、この私小説の構想が浮かんだ。先に表題が決まった。私はとにかく「覩壮日札」を世の中に出現させればよいのである。それから後のことはまたそれからだ。私は私の中のいくつかの素材(material)の中から「覩壮日札」と運命的につながっているものを拾い出した。すると思いがけない形が見え始め、たちまち素案が出来上がった。

秋場氏からいただいた、つい先日のお便りの中にこんな一文もあった。

――私自身は、「民の史こそ国の史につながる」という思想(おもい)を根底にいだくようになりました。

そうなればよいと思った。私の役目はその紹介者(introducer)だ。
鬱然と覆っていた雲が、漸く動き始めたような気がした。

# 八　観壮日札

「観壮日札」の内容は江戸から京への往還記録である。とはいえ京・大坂滞在は百十三日間に及ぶので、ただの紀行文というものではない。日々しきりに見たのは、主に京都の様相であった。しかも桂園はただの旅人ではないので、ただの見聞記ではない。むろん普通の紀行文と変わらぬ内容も記されてはいる。しかしこの記録の目的のひとつは、主君の役目完遂を後世に残すことであったと私は思っている。

ただ、それにしては主君の姿は余り顕現しない。そこにこの作品に秘められた真実があるように思う。とにかく真摯に役目を遂行した主君の姿は見え隠れするのだが、いわゆる評伝などにあるような明らかな功績の記述は一切ない。

そのことをも含め、私は今ここで「観壮日札」の全容を明らかにするつもりはない。すべて紹介出来るような分量ではないし、今はまだ読み解けていない箇所も多々あるのが実情だ。未解釈の語句も山積みである。そんな有様ではとても全容紹介など出来ない。まことに慚愧に堪えないが、とにかくいち早くこの記録を公の場に現したい一心でまとめたものなのでお許しいただきたい。

けれども公にする以上、この記録の概要については紹介しなければならない。そこで、記録されている内容に従ってその一部を抄出し、その周辺の解説をしていこうと思う。

だが、それはあくまで恣意的なものであることをご承知置きいただきたい。歴史的事実は充分に踏まえたつもりであるが、誤りもあるかも知れない。これまで繰り返してきた過誤を再現しないとも限らない。また、物事の見方は人によって異なる。同じ物を見てもそれに対する判断や対応は人それぞれだ。予め、これから加える解説はあくまで私見であることをお断りしておきたい。

文久三年（一八六三）春、江戸幕府第十四代将軍徳川家茂※㊲は、上洛して孝明天皇※㊳に拝謁した。将軍が上洛して天皇に拝謁するのは三代将軍家光以来、実に二百二十九年ぶりのことだった。その拝謁の際、将軍は天皇に二振りの剣を献上している。

桂園の主君に命じられた役目は、その献上刀を江戸から京まで護送することであった。大役である。この役目を命ずるに際して、幕閣ではかなり厳密な人選がなされたに違いない。万が一にも失敗は許されない。将軍みずから天皇に献上刀を渡すのは家光以来のことである。もし不手際などあったなら、一人や二人の切腹では済まされない大事である。よほどに信頼の置ける者でなくてはこの役目は任せられない。桂園の主君はその役目にふさわしい人物だったのである。

この献上刀護送の任務には二人の旗本が選ばれている。それぞれ幾人かの家来を伴っただろうから、一行はある程度の人数ではあっただろう。だが、記録を見る限り、そう物々しい行列などではなかったようだ。

将軍家茂が江戸を出立したのは二月十三日である。しかし、この献上刀護送の一行は五日前に先発している。そして、将軍の行列が東海道をゆるゆると上ったのに対して、彼ら一行は中山道を急行している。

この当時の日本はすでに幕末動乱の渦中にあった。この年からちょうど十年前の嘉永六年（一八五三）六月三日、浦賀沖に現れた四隻の軍艦は、日本人を太平の眠りから目覚めさせた。歴史通なら誰でも知っているペリー提督率いる黒船来航である。

しかし、このことはすでに三年前から分かっていたことだ。嘉永三年（一八五〇）のやはり六月、長崎に入ったオランダ船を介して、幕閣には日本との貿易を希望するアメリカの要望が告げられていたのである。それどころか、享和三年（一八〇三）夏、すでにアメリカは貿易要求のため船を長崎に寄港させている。半世紀も前のことだ。江戸時代も後期に入ると、ロシア、イギリス、フランス、そしてアメリカなどの船が日本近海に出没し、時には上陸さえして事件を起こすこともあった。もっとも、悪いことばかりでもない。難波した漂流民を救って日本に送り届けた例はいくつもある。ジョン万次郎※⑧⑨こと中浜万次郎が有名で、幸運且つ聡明な彼は歴史を動かす一人となった。しかし、あまり知られてはいないが、帰国出来た者のほとんどは不幸な運命を免れ得なかった。

とにかく、すでに鎖国などという時代錯誤の禁令は早晩廃さねばならない状況となっていたのだが、幕府政権は適切な対応を執(と)らなかった。

ところが、当時ほとんどの日本人はそうした状況を知らなかった。民には事実を知らせないという為政者の方針によるものだった。いまもどこかの国で行われているようだが、都合の悪いことを隠すのは、程度の差こそあれどの時代、いずれの国の為政者でも同様だ。

そうした隠蔽(いんぺい)と欺瞞(ぎまん)が仇(あだ)となって徳川政権は窮地に陥(おちい)った。何も知らされていなかった人々は、突然知ることとなった現実に狂乱状態となった。蜂の巣を突ついたような騒ぎが日本中で起こったのである。やがて尊皇攘夷と呼ばれた活動に結集されて行くその狂的エネルギーは、朝廷と幕府といういわば建前と本音、あるいは名誉と実利の微妙な二重構造のバランスの上で成り立たっていた日本の権力構造を揺るがせた。

加えて、幕府も朝廷も正しい現実理解と適切な対応が出来ないまま、いわゆる因循姑息（いんじゅんこそく）※90な手段で事に当たったため、日米修好通商条約（にちべいしゅうこうつうしょうじょうやく）※91締結、戊午（ぼご）の密勅（みっちょく）※92、安政の大獄、桜田門外の変、そして生麦（なまむぎ）事件※93といった数々の負の歴史を重ねることとなった。

そしてこれら歴史的事件によって最も深刻な痛手を受けたのは、実質的政権を握っていた徳川幕府であった。一方、徳川政権のもとで空疎な権威だけの存在に祭り上げられていた朝廷が、逆転的に重い存在となっていった。微妙な均衡によって高々と祭り上げられていた朝廷という錘（おもり）は、一気に天秤の傾きを変化させて幕府権力を虚空に吊るし上げた。見事な立場の逆転である。

幕府はそうした状況を建て直そうと、朝廷との融和を図るため和宮降嫁（かずのみやこうか）※94を実現させ、その夫である将軍家茂が、その義兄となった孝明天皇に拝謁することによって両者間の紐帯を強化させようとした。公武合体政策である。

けれども前年正月十五日、またもや水戸浪士が襲撃を行った。相手は時の老中安藤（あんどう）

信行で、命は助かったものの負傷して老中を辞任した。坂下門外の変※95である。この変には草莽と呼ばれた武士以外の勤王倒幕家も加わっていたので、幕府権力がいかに脆弱であるかを白日のもとに晒すこととなった。和宮降嫁に至る幕府の不遜且つ理不尽な態度を憎んだ激派志士、活動家による犯行であった。

ちなみに、将軍家茂と和宮との婚儀はこの事件から一か月も経たない二月十一日に執り行われている。

かなり大雑把であるが、将軍家茂が上洛するまでの時代の動きである。将軍みずから京に上って天皇に拝謁しなければならないのは、こうした時勢の流れがあったからである。とにかく、将軍の天皇拝謁は必ず成功させなければならない最重大事であった。桂園の主君はその一端の役目を任されたのである。一端ではあるが、実に重要な役目であった。

文久癸亥春二月

大将軍公。将　入覲京師。先五日（略）君與同僚岡部氏。擁護　貢劍及諸副劍上程。祐陪従焉。蓋入京有東海中山二道。東海為捷。而　君由中山道。道路程一百三十五里。以三十六町為一里限以十有五日。凡諸有司之先發者。各殊其途。所以省驛路之

費用。恤民衆之疲労也。方今醜虜猖獗。朶頤

これは冒頭文であるが、東海道を上った将軍の行列とは違って、主君が中山道を選んだことはすでに述べた通りだ。私は最初、桂園の主君が中山道を選んだのは川留(かわど)めなどの心配がなく、確実に京に到着出来るからだと思った。むろんそれも理由のひとつではあろうが、読んでみると、そうではない理由が記されている。そこにはこの主君の人となりが表されていた。

主君は「駅路の費用を省き」、「民を恤(あわれ)み、衆の疲労」を慮(おもんばか)れる人であった。つまり、中山道を選んだ理由は、この一行が及ぼす道中の人々への負担を軽減させるためであった。東海道を行けば、彼ら一行は将軍行列の露払いとなってしまう。たとえ主君が望まなくとも各地での饗応は免れ得ない。彼はそれを憂えた。中山道ならある程度隠密裡の行動が出来る。道中の人々に及ぼす迷惑を軽減させることが出来るのだ。

おそらく主君はこの役目を無事果たすために精魂を込めただろう。万が一にも間違いがあってはならないという心構えでこの役目に臨んだに違いない。この記録の紙背には、主君のそうした人物像が見え隠れするように思う。

思い出していただきたい。ただひたすら武士道から外れぬことだけをを心掛けるの

が「もののふ」なのである。主君はこの役目を遂行するに際して、あらゆる無用の変害について配慮が出来る人なのだ。ただひたすらそれだけを心掛けたに違いない。最初から私の直感の正しさが表されていた。私が「これこそ私が庶幾(こいねが)っていた史料」と思ったのもお分かりいただけただろう。

先に進もう。

二月九日。陰漸晴。發都。経板橋蕨二驛。宿浦和。

十日。暁雨乍霽。跨馬行十里許。宿熊谷。

十一日。櫻花盛開。晴暾映發。爛紅艷絶。宿倉野。

十二日。宿坂本。

十三日。早發。踰碓氷嶺。午飯沓挂。宿岩村田驛。

大将軍公。以是日發江戸。

十四日。微陰。過午。至長久保。雨滂沱。宿和田。

十五日。暁踰和田嶺。(以下略)

江戸を出発した一行がどのような旅をしたかを見ていただくため、比較的記述の少ないところまでを取り上げた。この後、記述量が多くなる。十七日は妻籠に泊まり、翌十八日は皇女和宮降嫁の話題を含め七行に亘る記述となっている。

ただし、道中は何事もなく二十二日には守山宿（滋賀県守山市）に至った。翌日大津を経て京に入ったが、ちょうど半月の旅だった。往路は主君の思惑通りの旅だったのだろう。一行は将軍の行列が入京する十一日前、二月二十三日に京に入っている。

二月廿三日。霽。午食大津驛。昳時達於京。度三条橋。都人奔競。肩摩轂撃。余寸前尺退者數次。（中略）足利将軍歴世木像。安置於等持院。今有人。刎尊氏義詮義満三将軍像首。（中略）卸擔於本阿彌邸。主人言。近時多憂憤之士。視死如戲。動輙至殺人自殺。

抄出部分だけでも少々長くなったが、原典では八行に亘る分量となっている。

ご覧の通り、京都に入った主従は強烈な出迎えを受けた。三条大橋を渡ると、奔騰（ほんとう）するように行き来する都人（みやこびと）たちに出くわした。「肩摩轂撃（ケンマコクゲキ）」とは、人や車の往来が激しいことで「戦国策」が出典の成語だ。ともかく幾度もぶつかりそうになる者があったらしい。記述からは緊迫した思いが伝わってくる。何しろ任務は献上刀の護送なのだ。

加えてこの日は、名高い三将軍梟首（きょうしゅ）事件の当日でもあった。等持院にある足利三将軍の木像が盗まれた上、その首が刎ねられ三条河原に晒されたのだが、犯人らの目論見通り京では大騒ぎになった。奇しくもこの日に京に入った主従一行を、もし犯人たちが認知していたならただ事では済まなかっただろう。それこそ襲撃を加えられたかも知れない。この頃の京はそれほど治安が悪かった。この事件は尊皇倒幕を目論む志士たちによる将軍家茂の上洛への嫌がらせであった。

一行を出迎えた本阿弥家の主人は、憂憤（ゆうふん）の激派志士たちによる殺人が横行する惨憺（さんたん）たる京の有様を語ったようだ。この惨状を目の当たりにして、主君を始め一行が暗澹（あんたん）たる思いに沈んだことは想像に難くない。

> 四日。大将軍公。以是日入京。主君奮然起曰。吾病少愈。豈得不迎　大駕哉。
> 遂結髪正服而出。病亦随而愈。

病（やまい）は気からというが、ただでさえ強行軍であった旅の疲れもあったのだろう、主君は体調を崩してしまう。せっかく早く入京しながら、二十九日になって山田某という医者を招いた。また、三日前の二十六日の記述には、桂園自身も風邪を引いて鬱々としていたとある。主従の年齢はこの時かぞえで五十一歳、当時の人であるからすでに老人なのだ。体調を損ねたのも当然だ。だが私は「鬱々」という語に目をとめた。ここには主従の思いが込められている。入京して以来、心の安まる暇がなかったのではないかと察せられたわけである。

しかし主君の体調は芳しくなく、二日後に瀧野為伯という官医を招いて治療を行っている。それでも主君の病は治らず、床を払えないまま三月四日に将軍家茂が入京した。

だが主君は、その日病（やまい）の癒えないまま床を払い、

「身体（からだ）の具合はもう良（よ）うなった。このまま大樹公（たいじゅこう）※96をお出迎えせぬわけにはいかぬ」

そう言って髪を結い、正装をして任務に就いた。護送してきた剣はすでに二条城に納められていたに違いなく、無理をせずとも誰も咎めはしなかっただろう。けれども、それが出来ない人だったようだ。「病亦愈随う（やまいまたいよいよしたがう）」には、主君を案じる桂園の思いが表れている。

七日。爽旦。大将軍公。入　朝。儀衛甚盛。雖不敢喝道。傾都来観者。
靡然俯伏於道旁。亦可以見昇平二百六十年涵養之澤。淪浹於骨髄者矣。

天皇に拝謁するため御所に向かう将軍の行列に、市民は平伏して迎えたとあり、幕府二百六十年に亘(わた)る民への恩沢の結果であるとの感慨が記されている。

この後、五日、六日の記述は何もないので、主君は二日間療養に専念したことが窺える。将軍家茂が入京し無事役目を果たせたことが、体調回復にもつながったのだ。

七日の記載は以上の二行しかない。けれども実は前に紹介した冒頭文には続きがあって、この日の様子が詳細に記されている。臆度(おくたく)※⑰するに、主従にとっても最も晴れがましい日であっただろう。

神州。封家長蛇。其變害有不可測者。於是幕府出新令。還諸夫人侍子。
減其述職之數。一以鎮厭邉疆。一以冨強各國。而今舉二百年廢典。
朝京師。天下人士忻然相慶曰。
皇帝神聖英武。

将軍賢明恭順。　親面議　廟莫。其掃擾腥羶醜類。以復
神州之正氣。而厚太平之鴻基。可刻曰而竢也。幸（祐）陪　主君屬車之後。
而親観　盛典。安得不奮筆記之。

将軍家茂の上洛を孝明天皇は大層喜び、冒雨剪韮（ぼううせんきゅう）※98の故事の如くもてなした。むろん、主君が護送してきた二振りの剣はこの時献上された。主君はもちろん人々は皆胸を撫で下ろしたことだっただろう。

「徳川實記（とくがわじっき）※99」（以下引用は「實記」と略す）には、この参内の記録の四項目に「元治夢物語云」として二十五行に及ぶ記述を載せている。

大樹公より禁裡御所へ眞太刀（新藤五國光）一腰。

で始まる夥しい献上品の記述があり、その三行後に、

又親王御方へ眞太刀（雲生）。

とある。

この二振りの剣は、孝明天皇とその親王祐宮(ひろみや)、すなわち後の明治(めいじ)天皇※⑩⑩に献上されていた。

孝明天皇への献上刀「新藤五國光」は相州物と呼ばれる鎌倉期の古刀で、中には銘に「相模国鎌倉住人長谷部国光」と刻まれている作もあるようだ。短刀が多く大刀は極めて少ないとのこと。また、親王に献上した「雲生」はやはり鎌倉末期の備前刀で、「備前国宇甘郷住人雲生作」と詳細に刻銘されているものもあるようだ。いずれも貴重な名刀であるらしい。

「主君、車の後に属す。」とあるので、家茂将軍は牛車で内裏に入ったのであろう。桂園の主君はその後ろにつき従い、その家来として桂園は伴われていた。「祐幸」箇所からは、桂園の幸福な顔が見て取れるようである。

この日から四日後、十一日にはさらに大きな出来事があった。

三月十一日。詰旦。細雨清塵。

天皇　幸賀茂両祠。関白大将軍以下。文武所僚。皆騎而扈之。自下賀茂至上賀茂。長堤延袤許。縦子女拝許觀。於四方群衆。或夾填河磧。莫窮乎目之所極。及鸞輿過。雖無警蹕之聲。衆皆伏瞻仰。柏手九拝。悚然歛息。莫敢出一語者。
天威咫尺。如秋霜透肌膚。嗚呼。
天徳之感動幾億百萬之人心者如此。至感之餘自忘冒瀆之辠。謹記其儀衛。

孝明天皇の賀茂両社への行幸※⑩であり、それはまさに歴史的事件であった。現在の人間には想像もつかないだろうが、二百三十七年もの間、天皇は御所から外に出ていなかった。それほどに天皇とは神秘的存在だった。天皇は神仏と同じ尊い存在で、巷(ちまた)ではその姿を見ただけで目が潰れると言われていた時代だった。

この賀茂行幸に最も近いのは後水尾院(ごみずのおいん)※⑩の二条城行幸である。三代将軍家光と大御所秀忠が寛永三年（一六二六）九月五日から五日間、天皇を二条城に招いている。それから二百三十七年間、朝覲(ちょうきん)※⑩行幸を除いて天皇は幕府の圧力によって御所から出ることが禁じられていた。

後水尾院　慶長十六年（一六一一）四月十二日即位。
明正院　寛永六年（一六二九）十一月八日即位。
後光明院　寛永二十年（一六四三）十月三日即位。

後西院　承応三年（一六五四）十一月二十八日即位。
霊元院　寛文三年（一六六三）一月二十六日即位。
東山院　貞享四年（一六八七）三月二十一日即位。
中御門院　宝永六年（一七〇九）六月二十一日即位。
桜町院　享保二十年（一七三五）三月二十一日即位。
桃園院　延享四年（一七四七）五月二日即位。
後桜町院　宝暦十二年（一七六二）七月二十七日即位。
後桃園院　明和七年（一七七〇）十一月二十四日即位。
光格天皇　安永八年（一七七九）十一月九日即位。
仁孝天皇　文化十四年（一八一七）三月二十二日即位。
孝明天皇　弘化三年（一八四六）九月二十三日即位。

百聞は一見に如かずというわけで、この間の歴代天皇を挙げたが、想像以上に壮観だ。明正院から仁孝天皇までは、天皇が御所から出ることを禁じられていたのである。今では信じられないことだろう。それほどに歴史や時代を理解することは難しい。社会も人間もそれほど変容するのだ。

ただし例外はあった。江戸時代、御所は地震や火災によって損壊と消失を繰り返している。以下、御所焼亡に加えて生活に影響が及んだと思われる災害を列挙する。


元和六年（一六二〇）　二月～三月、放火による火災が頻発。

寛永十二年（一六三五）五月二十日、八月十二日、暴風雨、洪水、鴨川氾濫。

承応二年（一六五三）　六月二十三日、禁裏及び周辺焼亡。閏六月、放火多発。

万治元年（一六五八）　八月三日～近畿大水害、鴨川堤防決壊、淀、伏見洪水。

万治四年（一六六一）　一月、二条光平邸より出火し、禁裏以下公家屋敷焼亡。

寛文二年（一六六二）　五月、近江・山城地震。町家倒壊千棟。死者数千。

寛文十一年（一六七一）一月十五日、六条有綱邸より出火した大火。禁裏以下数十町焼亡。二月二十三日、醍醐火災商家六十三焼失。

延宝三年（一六七五）　十一月二十五日、仙洞御所以下二千戸焼亡。主上（霊元院）は焼亡を免れた新造禁裏御所に移る。

延宝四年（一六七六）　五月六日、大雨洪水、京極河原町に濁流が溢れる。

貞享元年（一六八四）　四月五日、京都火災、東宮御所焼失。

元禄三年（一六九一）　十二月、京都市街大火。

宝永五年（一七〇八）　三月八日、油小路通より出火、四百九十七町、寺社百余、一万四千軒を焼失し、翌日まで鎮火せず。（宝永大火）

正徳三年（一七一三）　三月二十日、椹木町（さわらぎちょう）油小路より出火。延焼数里、内裏も危うく、主上は聖護院御所に避難。

享保十五年（一七三〇）　六月十日から二十日にかけて、上立売町（かみたちうり）より出火し翌日に及ぶ。西陣百八町を中心に全百三十四町が焼亡したため「西陣焼け」とも呼ばれる。（享保大火）

元文五年（一七四〇）　閏七月三日、畿内大水害。十六日、京都水害、三条大橋破損、岩屋山大壊。

寛保元年（一七四一）　十一月、京都大火、芝居小屋、茶店等焼失。

寛保二年（一七四二）　七月～、近畿大風雨、鴨川が氾濫し三条大橋流失。

寛延三年（一七五〇）　八月二十六日、二条城天守閣に落雷、焼失。

寛延四年（一七五一）　二月、地震があり余震二ヶ月に及ぶ。

安永元年（一七七二）　京都大火。

天明八年（一七八八）　一月三十日早朝に東山宮川町団栗長屋を出火元として

起こったこの京都最大の大火は「どんぐり焼け」とも呼ばれ、市中の大半が焼失した。復興と御所造営のために老中松平定信が上洛して任に当たった。（天明大火）

文政十三年（一八三〇）七月二日、愛宕山付近震源の地震。愛宕山の坊崩潰。比叡山西峰崩落。御所、二条城など損壊。西本願寺御影堂が傾き、北野天満宮石塔倒壊。宇治川堤防崩壊。怪我人千三百余人、死者二百八十人。（文政大地震）

弘化三年（一八四六）閏五月十九日、四条道場金蓮寺境内より出火、北は錦小路、南は綾小路、西は高倉辺までが焼失。

嘉永元年（一八四八）八月五日、鴨川、宇治川氾濫。醍醐などで山崩れ。

嘉永三年（一八五〇）三月十六日、下京より出火、五十町焼失。

嘉永七年（一八五四）四月六日、御所より出火。上京に延焼し百九十町、五千軒焼亡。主上は下鴨社に難を避けた。（嘉永大火）六月十四日、近畿地方大地震。十一月五日、京都大地震、寺社被害、全壊家屋あり。（安政の大地震）

＊改元を一月一日に遡る方式からこう歴史表記されている。

安政五年（一八五八）　六月四日、諏訪町万寿寺より出火、翌日鎮火。東本願寺枳殻御殿焼失。（安政大火）

以上、文久三年までを列挙したが、この後、蛤御門の変（鉄砲焼け）、慶応大火がある。ただ、中には充分な出典確認が出来なかったものもあるため、誤りがあるかも知れない。それにしても、これらは御所に影響を及ぼしたと思われるものだけなのだ。近江や丹波、奈良など周辺の災害を加えれば、この限りではない。

だがこうした事実は、御所がこのような災害によって損壊や消失した際、天皇はどうしたのだろうかという素朴な疑問が生じる。そのことについてご教示いただいたのは、藤田覚東京大学名誉教授の御著書『幕末の天皇』にある次の一文であった。

光格天皇にしても、即位してから御所の外へ一歩も出たことはなく、御所の炎上という「僥倖（ぎょうこう）」により、初めて外に出ることができたほどである。（中略）寛政二年の仮御所から新御所に移る遷幸（せんこう）の行列を描いたものとされ、人物の表情や装束などがきわめて精密に描かれた盛大な行幸図はたいへんに貴重で、歴史

資料としても価値が高いとの解説があった。（99頁）

これは、「ボストン美術館秘蔵フェノロサ・コレクション屏風絵名品展」に出品された、吉村周圭筆「行幸図」屏風を紹介された箇所であり、まことに詳細な説明が加えられている。

つまり、天皇は火災に遭って焼け出されても、すぐに設けられた仮御所に移るだけで、やはり御所から出た事にはならなかったわけである。ともかくも、天皇はそれほどまでにベールに包まれた存在だった。いや、幕府によってそのような存在にさせられていた。

ついでながら、後水尾院から後桃園院までの「院」という表記に違和感を覚えた方があるかも知れないので、簡単に説明しておきたい。以下は、やはり藤田覚教授の御著書『天皇の歴史6　江戸時代の天皇』の一文を要約、解説したものである。

天皇号には生前の功績を讃えておくる美称の「諡号（しごう）」と、そうした賛美の意を含まない御所名や山陵名の「追号（ついごう）」がある。そして「諡号＋天皇号」は仁和三年（八八七）に崩御された光孝天皇、「追号＋天皇号」は康保四年（九六七）に崩御された村上天皇が最後となって中絶していた。つまり、天皇号は光格天皇におくられることによって八百七十四年ぶりに復活したものであり、それまでは「院」と呼ばれていたのである。詳しくは御著書にてご確認いただきたい。

藤田教授は、これまで余り注目されていなかった光格天皇の事績が、尊皇思想に多大の影響を及ぼした点をご指摘されている。

話を孝明天皇の行幸に戻す。

孝明天皇は三度行幸の勅命を発せられた。けれども、三度目の大和行幸は実現せず、天皇が御所を離れたのは賀茂行幸、石清水行幸の二度であった。歴史上画期的なことであり、これ以後天皇の姿を一般の人々も目にすることが出来るようになった。

さて、二百七十五年前の聚楽第行幸は、天皇を凌いだみずからの存在を示すために豊臣秀吉が強要したものだった。また、その三十八年後の二条城行幸は、大御所徳川秀忠と将軍家光が秀吉に倣った権威の誇示であった。

ところがこの賀茂行幸はその逆で、将軍の権威を損ねるため長州勢力が画策したものだったというのが定説である。

そもそも孝明天皇行幸の目的は攘夷祈願であった。しかし、孝明天皇ご自身が発せられた攘夷という言葉は華奢(delicate)な意味であった、と私は捉えている。決して激派志士たちが思うような荒々しく粗暴なものではなかった。

天皇はエンペラー「皇帝」と訳されるが、私はかねてよりそれに違和感を覚えている。そのことについてここでは深く追究しないが、日本の天皇とは西洋や中国の皇帝とは些か趣が異なり、優雅さ上品さといったエレガントな要素の強い存在だったと認識している。つまりそれは文化的要素が強いものであった。孝明天皇はその優雅さ上品さの立場から、欲望むき出しの態度を示す異国の者たちを嫌悪したのである。そうして、そのような野卑を清らかなこの国に持ち込んではならないと憂えたのである。孝明天皇における攘夷とは、そのような意味合いの言葉であったと思うのだ。けれども言葉は、発した本人の意図とはずいぶん違った方向へ一人歩きをすることがある。

それはともかく、この攘夷祈願の行幸は、とある幕府要人の不用意な建言が発端となったようだ。

「これまでは行幸などのことはご廃絶でありましたが、これからは春秋などには行幸も遊ばしてお心をお慰めいただきたく存じます」

将軍上洛に際して孝明天皇にこんな建言をしているのだ。幕府みずからが墓穴を掘ったとしか言いようがない。ここでは誰の建言かを秘すが、むろん将軍家茂ではない。幕府瓦解をもたらす重大な失言であった。

このことは激派貴族の耳に入り、それが長州藩激派志士に伝えられ、勿怪（もっけ）の幸いと謀略が画策された。彼らは謀議の末、藩主名代毛利定広に攘夷御祈願の建白をするよう勧めた。藩主毛利敬親（たかちか）※(104)はこの年の一月国元に帰っており、入れ替わって世子定広が上京していたのである。この動きから見ても、巷間に流布されているように毛利敬親は「そうせい候」ではなかったようだ。帰国する前にこの画策を指示していたとも考えられるのである。

いずれにしても彼らの企（たくら）みの最終目的は倒幕であったようだ。それを三段階で実現させる計画だったと伝えられている。

第一回は、天皇が攘夷の意志を天下に示し、同時に幕府将軍はその代行者に過ぎないことを人々に知らしめてその権威を失墜させること。第二回でその攘夷実行を幕府に約束させ、第三回では攘夷親征の旗印を掲げ、それを倒幕の挙兵に繋げてゆく計画だったらしい。真偽については検証の余地があるものの、その通りだったとしたらあまりにもあざとい計画である。もしこれが実行されていたなら、時期尚早のため失敗に終わっただろう。結果的に倒幕も成し得なかった可能性が高いと私は思う。だが、現実の歴史はそうはならなかった。禍福は糾える縄の如しである。

賀茂行幸、石清水行幸は実現したが、大和行幸は中止となった。しかも、将軍家茂が天皇に供奉（ぐぶ）したのは賀茂行幸だけだった。石清水行幸の前日、将軍家茂はにわかに高熱を発したのである。家茂自身は押して供奉すると言い張ったが、侍臣、侍医たちに制止されてかなわなかった。代わりに、当時将軍後見職だった一橋慶喜（よしのぶ）※105が供奉した。

さて、賀茂行幸の当日である。

天皇出御の噂は瞬く間に広がり、京周辺はもとより近国の人々まで群れ集まり、鴨川周辺は人間の坩堝（るつぼ）と化した。そして行幸を一目見ようとする人々で、さしもの広い鴨の河原も立錐（りっすい）の余地のない様子を呈していた。その中に高杉晋作※106の姿があった。彼は行幸の行列から五、六間離れた位置に仲間と共にひざまずいていたという。

天皇の鸞輿（らんよ）※107が過ぎ、それに続く堂上方の行列の後に将軍の姿が現れた。この時、武家の棟梁である将軍家茂は騎馬で従った。その騎乗の将軍に人々の目は奪われた。高杉晋作も将軍の若さに驚いたという。しかし次の瞬間、彼はやにわに、

「よう、征夷大将軍！」

と呼ばわった。まるで歌舞伎の千両役者に贔屓筋が掛けるような大声であった。将軍警護の供侍が高杉の姿を認めて睨んだという。しかし、それ以上のことはなく何事も起こらなかった。「至感之餘自忘冒瀆之辠※108。」部分がそれである。「辠」とは罪の古字だ。感極まった余り冒瀆の罪を忘れさせたのだろうと桂園は解しているが、もし咎められるようなことがあれば、晋作はしたたかにそう答えるつもりだったに違いない。革命児高杉晋作の面目躍如たらしめる一場面である。

とにかく壮健な身体を破壊させるほどの酒色をもってしても、滾る情動を鎮撫させることが出来なかったこの天才は、僅か三年後に維新を待たずして絶命する。

この日の出来事については、さらに解説を加えたいことが膨大にある。けれども、「覩壮日札」は冷静である。この後の二十四行はすべて人名の羅列なのだ。関白、大臣、将軍も含め四十八名の人々が列挙され、最後に「不暇細識詳記。」とある。当然であろう、この上の細識詳記は難しい。

この行幸時の記事は貴重である。高杉晋作の一件の証言はむろんのこと、そこに存在した人々を詳細に確認出来るからである。「實記」や「孝明天皇紀※109」にも記録があるので、対照することによってさまざまな検証も可能だろう。

そうした意味もあるので、その箇所すべてを省略するのは惜しく、一部抄出する。

曰町奉行瀧川播磨守臣具挙。為先驅。曰　禁裡附松平伊賀守臣忠禮。曰岡山侍従臣茂政。曰對島侍従臣義達。曰津和野侍従臣茲監。曰秋田侍従臣義就。曰長門少将臣定廣。曰熊本中将臣慶順。曰米澤少将臣齊憲。曰宇和島侍従臣宗徳。曰因幡中将臣慶徳。曰仙臺中将臣慶邦。曰阿波中将臣齊裕。（以下略）

以下、延々とこのように官職氏名が列なっているのだが、それぞれの記録を比較すると微妙に人物配列が異なっている。

ところで、孝明天皇について述べておかねばならないことがある。というのは、先に抄出した冒頭文に、将軍の拝謁時か賀茂行幸時か定かでない記述があった。私はおそらくそのどちらでもあり、どちらでもないと考えている。つまり、その両方をまとめて後に筆を加えた一文であろうと推察している。

「神州。封家の長蛇。其の變害測るべからざる者有り。」で始まる内容は、単なる記録ではない。これはどう見ても後になってこの時の状況を解説した文である。

幕府はこの前年閏八月二十二日、参勤交代制緩和を発布している。妻子の帰国を許して、藩主も三年に一度の出府でよいとしたが、実際は緩和ではなく廃止となった。

そのことがまず記されているが、それは攘夷実行のために富国強兵を行わなければならなかったからだ。孝明天皇はこうした日本の実情を熟知していた。

これまでは天皇の無理解から戊午の密勅が出され、安政の大獄を引き起こしたとされている。しかし、そう単純なことではなかったようなのだ。どこでどうなったのかは分からないが、天皇御自身はちゃんと現実認識されていたようなのだ。そのことは事項で明らかにするが、ここではこの時の孝明天皇の考えと将軍家茂の関係だけを述べておきたい。

孝明天皇は和宮降嫁に反対であった。幕閣の、ほとんど恐喝ともいえる政略によって実現したものの、天皇は大いに不服であった。だが、それが既成事実となったこの時点では、孝明天皇に過去への拘泥（こうでい）はなかったようだ。冒雨剪韮の故事の如く、天皇が将軍家茂を友のように迎えたことはすでに述べた。天皇は個人としての将軍を憎まれてはいなかったのである。むしろ、みずからの思いを実現させてくれる若く心強い友のような存在だったのだ。

海千山千の老獪（ろうかい）な幕府閣僚は厭（いと）わしかったが、若く純粋なまなざしを向ける家茂のまごころには好意を抱いた。少なくとも天皇のお気持ちはそうだった、と私は思っている。

　ところが、周囲はおろか当時のほとんどすべての人々は天皇を神として奉り、一人の人間として認識していなかった。その無理解が天皇を不幸にした。天皇ご自身は尊貴のお気持ちなど持っていなかったのだ。いや、お持ちではあったが、それは倨傲とはまったく対極にあるもので、みずからのお立場に懊悩されていた。そういう意味では、過激に攘夷活動を実行するお気持ちなど、なかったと私は理解している。

　ところが、不安と憎しみの狂気にとらわれた人々は、そんな天皇の真のお気持ちなど知ろうともしなかった。さらには、無責任で浅薄な人間たちの私欲が天皇の真意を踏みにじった。彼等は自分の利益のために、ある意味では純真な若者に迎合し、あるいは煽りたてた。次第に有象無象の輩がそれに加わり、玉石入り乱れた大きな時代の津波を創り出した。粗雑に概要すれば、激派尊皇攘夷活動とはそのようなものだったと私は解釈している。

　従って孝明天皇は激派尊皇攘夷活動を最も憎み、且つ悲しまれた。将軍家茂を頼りにしたのはそれゆえだ。ご自身の真意から外れていく世の動きを糺せるのは、将軍をおいて他にはないとご判断されたのである。

　そういう意味では、この主従にそこまでの認識と理解はなかっただろう。桂園はただ、純粋な気持ちで天皇と将軍の英武を讃えている。

この話題についてこのうえ冗長になってはいけないので後は簡略にするが、この賀茂行幸の企ては一面成功し、一面失敗に終わった。だが、この謀略によって日本人の意識が大きく変わったことは間違いない。その点では、成功の度合いが大きいかも知れない。

むろん、本阿弥家主人が歎いた血腥（ちなまぐさ）いゲリラ戦も続けられていたので、そうした効果もあっただろう。けれども、人々の意識の根本を改変させたのは、天皇が姿を現したことだと私は思う。当時の日本人にとっては、それほど驚嘆すべき事件だった。今ならさしずめ、異星人が現れたようなものだろう。

いずれにせよ、ここを起点として時代はさらに急激な展開を始める。

この年の八月十八日政変による七卿（しちきょう）落ち※⑩。翌年七月の蛤御門の変と長州征討。動乱の渦中に投げ込まれた会津藩の悲劇を決定的にし、新選組の短い興亡や戊辰戦争へと繋がる日本更始（こうし）のための歴史的試練はここに始まる、と私は思う。

「観壮日札」の中で最も重要と考える箇所を取り上げてきたが、どうしても不充分さは否めない。この他にも興味深い内容は満載されているが、今の段階でそのすべてを取り上げることが不可能であることや、作品表題が「出現記」であることはご理解いただけたかと思う。

以下、触れられなかった数多の内容を惜しみつつ、将軍と桂園主従が京を離れる場面から江戸帰着までをまとめたい。

　　五月六日。聞。

　　　大将軍公。賜金三萬圓於浪華黎民。

将軍家茂は、ご覧の通り浪華黎民（なにわれいみん）、つまり大坂市民に三万両下賜（かし）した。むろん、このことは「實記」にも記されていて、それによると京都市民に対しても、参内の折に六万三千両の賑給（しんごう）を行ったとある。賑給とは現在で言うと給付金のことで、「観壮日札」には京都市民への賑給の記述はない。最初に「聞」と但書（ただしがき）されているので、桂園はこうした事実をよく知らなかったらしい。「實記」には、この賑給は一般住民を対象に一軒当たり「金一両一歩」（*ママ）宛てたと記録されている。

ところで、私はさりげなく六万三千両、三万両と書いたが、それは「實記」からの引用である。しかし、桂園は「圓※111」と記している。ご承知の通り「圓（円）」は「銭」「厘」と共に新貨条例（明治四年五月）によって使用されるようになったものだ。

ということは、この記述は少なくともそれ以後ということになり、これも前の推察を裏付けるひとつである。

さて、将軍家茂が大坂城に入ったのは四月二十一日で、この四日後の五月十一日には再び京に戻っているから、二十日ほど滞在したようだ。

六月三日。清霽。午牌。
大将軍公。入　朝。賜　御刀二口。
九日。昧爽。
大将軍公。發京。赴浪華城。
十三日。踈雨稍霽。
大将軍公。駕船於浪華港。以海路還江戸。

六月三日、孝明天皇に拝謁した将軍家茂は、二口の御刀を賜っている。それが今回の上洛での最後の謁見であった。九日まで京に滞在した将軍は大坂城に入り、十三日に海路江戸に帰った。「實記」には江戸帰着は十六日だったとある。

一方、主従は今度も将軍とは別行動であった。しかし、気の休まる旅ではなかった。主君には、まだ天皇下賜の御刀を護送する任務があったのである。

六月十日。主君同大草氏。擁護劍函。赴伏見驛。待　命。
　十四日。係
今上帝誕辰。主君暨大草氏。自伏見歸。是日為祇園會。婦女滔飾聚觀。争先
　恐後。其祭典之盛。實他邦之所未曽有也。

将軍家茂が京を去った翌日、主君は伏見でその命を受けた。ただし、すぐに帰途についてはいない。ご覧の通り翌日祇園会を見ている。十四日は孝明天皇の誕生日で、その祝祭が催されたのである。しかし祭が盛んだったとは記しているが、主君も桂園も祇園での遊興を楽しんだようではない。

「実に他邦（たほう）の未（いま）だ曽（かつ）て有らざる所なり。」は、手放しで喜んでいる語調ではないように思うのだ。私にはこの一文から苦々しささえ伝わってくるのだが、思い違いだろうか。もし主従が京の艶麗な催しを愛（め）でたのなら、もっと記述も多く表現も違っていたのではないかと思えるのだ。

私的なことながら、十四日の記述を見ていて「豔」に目が止まった。何と「灩」か

らサンズイ偏を取った字ではないか。十数年ぶり、いやこの字なら三十年ぶりになるだろう。まさか今頃になって見ることになるとは思いもしなかった。ただ、ご存じの通り「灩」は知っていたが「豔」は記憶に残っていなかったので慌てて調べた。三十年前の私は間抜けなことに、「灩」のすべてを理解していたわけではなかった。つまり薄っぺらな知識しか持っていなかったわけだ。にもかかわらず得意げにこの字を板書していたのだ。かつての自分の姿を思い出して情けなくなった。過去は振り返らぬよう心掛けているのだが、時折こんないけずな神仏がおわして昔の至らぬ姿を思い出させる。嗟（ああ）……！

　気を取り直そう。調べてみれば何のことはない、「豔」は「艶」の別字である。字義はそれだけの事で婦女豔飾（えんしょく）以下の記述には、どうも桂園の冷静で批判的な視線があるように思える。

　そのこととも関係があるので、最後に往還の記述を比較しながらこの主従の人となりについて述べておきたい。

　まず、私が最も気になったのは、往還いずれも同道する主君の同僚についての言及がまったくない点である。往路は岡部氏だが復路は大草氏に交替している。

四月廿日。雨。岡部氏歸江戸。

岡部氏は先に江戸に帰還した。以後主君の相役は交替となって五月七日に大草氏が登場し、先に抄出したものを含め五月十一日、六月十一日、十四日と京、大坂滞在時に四度その名が見える。ところがこの両者は往還の途次はどこにも登場しないのだ。

この記録文には数多の人物が登場する。当然京大坂滞在時が多いが、往還時にも多少の人の姿も見受けられる。ところが主君の同僚としてその役目を共に遂行しているはずの人物について一片の記述もないのだ。私は不自然に思った。そのことにも触れながら復路を見ていきたい。

さて、往路は中山道だったが復路は東海道に変更されている。

六月十五日。治裝。

十六日。陪従發京師。頓草津。至草津驛。帰士争投宿。驛中比屋皆滿。半里強。至日川村。亦無虛室。進抵川邉村。宿里正家。夜雨。

十七日。宿水口。遞夫滿街。紛呶轟耳。

十八日。抵土山驛。有豪商某者。（失氏）供歸士。以白紙四十頁。遞夫以草鞋。

踰鈴鹿嶺。宿関驛。

往路と決定的に違うのは見て明らかだ。初日は草津駅どころか日川村でも泊まれるところはなく川辺村で泊まったようだ。「里正（りせい）の家に宿る。」と訓（よ）むのだろう。すなわちその里の長の家という意味で、宿舎ではなく庄屋の家に泊まっている。翌日の水口では宿はあったものの、街には馬方や人足が満ち溢れその騒がしさで大変だったようだ。土山駅に至り、豪商の家に立ち寄ったようだが、後に続く文意は私には分からない。とにかくこの日は関駅で宿が取れたようだ。

余談になるが、森鷗外の祖父森白仙は土山宿で病没してこの地に葬られている。後年、鷗外はその墓に詣でたそうで、松本清張氏の『両像・森鷗外』に詳しい。この話題を入れた理由は、白仙が脚気衝心（かっけしょうしん）のため没したのが文久元年十一月七日だからだ。主従が土山の街道を歩んだ僅か一年半前のことであり、まさか知己ではなかっただろうが、彼らは同時期に江戸で生活しているのである。

ちなみにこの翌年一月十九日に鷗外、森林太郎は誕生している。私も十五年ほど前に臨済宗常明寺のその跡を訪ねたが、すでに綺麗に整備されていて説明掲示もなされていた。

話を戻す。最初の二日で分かるように、復路は快適な旅ではなかったようだ。騒々しさに辟易したのか、少なくとも桂園はこの東海道中の賑わいを快く思っていなかったようだ。それは祇園会と軌を一にした語調が感じられるからである。復路水口宿での「逓夫街に満つ。呶轟に紛るる耳。」と、往路妻籠嶺の「駅丁馬夫。謳歌して過ぐ。昔日の危険を覚えず。」とを比較すれば歴然としている。往路の妻籠嶺では、険阻な路を行く時でさえ馬夫の謳う声に和まされて危険を感じなかったというのだ。怒号ばかりの宿場とは雲泥の差がある。

また、儒者であり詩人であった桂園は、殷賑を好まなかったのだろう。往路の中山道は季節も良く、「桜花盛んに開く。晴暾映發。爛紅艶絶。」といった記述や、他に「桃花爛然媚を呈す。絶世の美人を見るごとし。」というのもあった。ところが、実際に大勢の美人を見た祇園では「婦女豔飾するを、聚て觀す。先を争い遅るるを恐る。」である。それに復路では十六泊のうち寺院で四泊している。往路では一度もなかったことだ。

だが、そうはいっても、道筋や宿の選択は主君が決定することだ。そこにひとつの手掛かりがある。私の推測だが、ここに岡部氏と大草氏との違いが表れているのではないかと思うのだ。

すでに示したように、岡部氏は江戸に帰る際一度登場するだけだが、大草氏は僅かな間に四度登場している。そこには、役目の主導権に変化があったと考えるのが自然だろう。献上刀護持については、岡部氏は主君の同僚と記されていた。しかし復路ではその役目や立場の記述がまったくない。つまり、下賜刀の護送帰還は大草氏に主導権があり、主君はその補佐役に過ぎなかったのではあるまいか。それゆえ、道筋選択の権限はなく中山道は選べなかった。

そう考えれば、宿がないというのも説明がつく。大草氏一行は下賜刀護送役として堂々と本陣に泊まったが、主従はその手配をしてもらえなかった。そんな実態だったのではないかと思う。天皇から下賜された刀を護持していながら、たとえ庄屋の家とはいえ民家に泊まることがあり得ようか。私は冒頭に「方今醜虜猖獗。朶頤」という記述があるのが気になっていた。意訳すればこのようなものだろう。

近頃は醜悪な者が蔓延(はびこ)っている。
(彼らは)頻(しき)りに顎(あご)を動かして貪(むさぼ)り喰らっている。

これはいったい何を表しているのだろう。また、何故このような記述を加えたのだろう。どう考えても、この主従の周辺のこと以外には思いつかない。だとすれば、主君の同僚を暗喩しているのではないかと考えられる。

そもそも桂園の主君は、饗応を避けるため中山道を選んだと私は思っている。そのような人物は世間では却って疎まれる。宿手配の不首尾を口実に、体よく遠ざけられたのではあるまいか。やむを得ずそのまま先行し、先の駅で宿を取って一行を待っているという旅だったのかも知れない。繰り返すが、下賜刀護送一行が、寺はともかく民家に泊まることはないだろう。本陣か脇本陣に宿があるはずだ。実際、往路の中山道ではそのような記事は一度もなかった。

そうだとすれば、同僚の姿が一切見えないのも納得出来る。具体的記述は差し控えたのであろう。憶測かも知れないが、とにかく往還の道中に同役の動静がまったく見えないのは不思議に思えてならない。

ただそれはそうだとして、そうした主君一行の置かれた状態だからこそ、思いがけない好事が生まれたのではないかと思われる箇所もある。

十九日。経龜山莊野二驛。上野村。抵村長藤田某。供砂糖枇杷葉湯。采女村。村長伴氏。長田某等。供團餅枇杷葉湯。（中略）

不暇悉記。亦可以見昇平　恩澤之深感民心者矣。（後略）

廿六日。（中略）宿駿府。出閲市。道左有寺。曰安西寺。拝観。

照祖肖影。其庭園有山茶。曰和美祐（スケ）山茶。照祖所名云。

聞花心僅生一鬚。可謂異種。有小鐵鐘。蓋茗讌報期之器也。（後略）

少し長い抄出となったが、ここには村々でのもてなしが細かく記述されている。砂糖湯や団子などといった素朴なふるまいに感謝し、桂園はそれら一期一会の人々を克明に記録している。この他に西瓜や蛤なども登場する。こうしたもてなしは、下賜刀を奉献した行列では得がたいように思う。そして、私はこの記述にも桂園の人となりが表れていると思う。それは主君の姿とも重ねていいだろう。

この主従は軽佻浮薄、貪欲野卑、あるいは華美享楽を嫌った人たちに違いない。民（たみ）人（びと）の素朴でつつましやかなありようを、こよなく愛したのではなかろうか。そして彼らの生活を守ることが、自分たちの役目であると考える人であったように思う。そうでなければ、このようなことを詳細に描き残すことはないだろう。

また、駿府では安西寺という寺の庭で「和美祐（スケ）山茶」という異種の花を見出し、その感動を伝えている。桂園はその花の名にみずからの名「祐（スケ）」が含まれるのを子どものように喜んでいる。この「スケ」というふりがなは桂園自身の手によるもので、全文中この一字だけのことなのだ。よほど嬉しかったのだろう。ここにも桂園の嗜好が表れている。

　けれども山茶とは椿のことで花期が違う。茶花の侘助（わびすけ）は冬に咲き、真夏である陰暦六月では時季が合わない。この時、私はかつて一休寺（いっきゅうでら）※⑫で見た沙羅の花を思い出した。日本では沙羅は夏つばきのことを言い、寺の庭でよく見掛ける。桂園の見た「和美祐（スケ）山茶」はこの夏つばきのような花だったのだろうか。花蕊（かずい）に僅かに髭が生えており、それが老僧の俤（おもかげ）を偲ばせるというのだから、桂園の趣味はまさに侘（わ）び寂（さび）の世界である。歌舞音曲、奢侈逸楽とは対極の世界である。

　以前、桂園の詩の内容から「重陽の宴」について触れたが、秋場家は名主という身分もあって、かなり富裕な豪家だと私は想像していた。ところが、その後秋場氏とお話しするうちに、その認識は改めなければならないことを知らされた。そしてまた、桂園も決して奢侈贅沢な人ではなく、終生つつましやかな生活であったと教えて下さった。

　このように、東海道中もまんざら悪いことばかりではなかった。そうして、復路は十七日かかって江戸に入っている。だが、その七月三日の記述はすべて暗然としたものだ。

七月三日。細雨。亭午達江戸。凢用了役。一日不下九千人。而毎驛所備。
僅不出四五千人。故逓送不能給。郵吏往々遁逃。行李委積如岡。
街路逼塞。至無可奈何。（中略）
日夜絡繹不絶。蓋所歴五十三驛。人馬供給不滞者。僅六七驛云。
四日。主君命設醼。禄祐微労。賜刀及金若干。

東海道の逓送（ていそう）が混乱を極め、ほとんど用を為さない有様となっていることが記録されている。主従一行の荷物輸送にも影響があったようだ。また、下賜刀に関して一片の記述もないのは、前に推測した根拠のひとつである。

もし主君が護持していたのなら、すくなくとも柳営（りゅうえい）※(113)に納める際の出来事がどこかに記述されたはずである。「凢（おおよそ）の用、役（やく）を了（お）う」では余りに呆気（あっけ）ない。

そういう意味では、復路は気楽な旅だったのかも知れない。無事に帰れたのは何よりだ。

帰着翌日に主君は簡単な打揚（うちあげ）を催した。「醼（えん）」とは酒宴のことである。このおよそ五か月に亘る働きに、桂園は主君より刀と若干の金を賜ったようだ。

概要を明らかにするだけのつもりが、つい筆が走って冗長なものとなった。いわゆる帯に短し襷に長しの有様で、書き残しばかりが気になっている。

# 九　孝明天皇宸翰　～追録～

八月一日夜のことであった。

スマホを見ると秋場氏からのメールが届いていた。何か急用があるようだった。私も一度お話が出来ればと思っていたところだったので、そのままスマホを操作して電話を掛けた。発信音の後、すぐに秋場氏の声が聞こえた。

「ずいぶん長い間ご連絡を差し上げず失礼しました。メールに気付かず申しわけありませんでした」

そう私は話したが、どうも相手に伝わっていないらしい。このところ私のスマホの具合が悪く、途切れ途切れになって会話に支障がある。

「申しわけありません。固定電話で掛け直します」

そう言って一旦スマホを切って固定電話で掛け直したが、それもよくつながらない。何故か通話中になるのである。やはりスマホを修理しておけばよかったと後悔していると、やがて着信音が鳴り出した。秋場氏の方から掛けて下さったのである。今度は、少々雑音はするが何とか話が聞き取れる。

「いやー、私のスマホの調子が悪いんで、申しわけありませんでした」

そう私が謝ると、秋場氏は明るい声で、

「いやなに、お互いに掛け合っていたようですね。つながってよかった」

と、おっしゃる。なるほど私のスマホはよほどに調子が悪いようだ。さっきのやりとりは何も伝わっていなかったのである。

「……ところで何でしょうか。私も一度お話し出来ればと思っていたところでした」

そう私が言うと、

「あっ、それはよかった。じゃ、いいですか？」

と言って、堰（せき）を切ったように語られ始めた。

「いや、実はすごい史料が出て来たんです」

「えっ、新しくですか？」

「ええそうです。それでですね、それを読んでもらいたいと思って連絡したんです。メールに添付して送りますがいいですか？」

「ええ結構です。ただ、見てみないと……」

この時、私はちょっと不安になった。膨大な史料に圧倒されて、まだ暗鬱な思いを払いきれないでいたからだ。史料が加わるのはありがたいのだが、気は重かった。一度、直接お話ししたかったのもそのためだ。

「ええ、ええ、見てもらってからでいいんです。でも、これはすごいもので、お書きになっている作品の史料になると思ってお知らせしました」

「はぁ……」

内容が分からない私は、何と応えていいか分からない。しかし、秋場氏はその史料を添付ファイルですぐに送られるという。そしてその史料について語り続ける。よっぽど気持ちが昂ぶっているようである。

「とにかくすごいんです。私のように書いてあることがよく分からない者でも、何だかすごい内容なんです」

「はぁ……、そうなんですね」

「ええ、これは歴史的発見かも知れません。とにかく中身が知りたいので、解説は結構ですから私が読める程度に直して下さい」

「ええ、まあ見てみます。出来るだけご希望にはお応えしたいと思いますが……」

よく分からない私には、煮え切らない返事しか出来ない。

暫くの間、私は聞き役に徹するしかなかった。氏は滔々と語り続け、私はただ相槌を打つばかりだった。そのうち、氏の語る内容のおおよそはつかめてきた。けれども実際に史料を目にしていないので、何と応じていいか分からない。おっしゃることは理解出来るのだが、現実認識がまったく伴わないのである。それくらい氏のお話の内容は突拍子もないものであった。

そのうちお話も尽くされたのであろう、

「……ええっと、ところでお話しというのは何でしょうか？」

と、おっしゃる。私の最初の言葉を思い出されたのである。

「はい、よく分かりませんがすごい史料みたいですね、ありがとうございます」

まずは礼を述べた。内容はともかく、とにかく氏のご好意は分かったからである。氏は史料が私の作品の役に立つと思われたのだ。けれどもこの時、その作品はまだ構想の段階を抜けることすら出来ないでいた。まだ史料の山に圧倒されて暗鬱な思いでいたことは、すでに何度も述べた通りだ。

この後、そうした私の現状を伝えた。むろん今回送って下さったという史料についても、理解した範囲での意見を述べた。月並みな感想だったと思う。けれども、氏は大層喜んで下さった。

――昨夜の電話では私にとって近来にない爽快な気分でお話が出来ました。（中略）とにかく、作品の補強となる史料だと感じますので送付します。

これは送られて来た氏のメールの文面である。それに三枚のPDFファイルが添付されていた。

私は早速それをプリントしたが、その文書（もんじょ）は電話の内容から想像していたものとはずいぶん違っていた。右端に簡単な糸綴じを施してはいるが、表紙もないので単に書類を綴じただけにしか見えない。これまで見てきたものの中で最も粗末なものだった。いくつも桂園の書いたものを見てきたが、たとえば墓碑銘草稿でさえ字はきちんと書かれていた。だがこの文書は違っていた。ほとんど走り書きなのである。つまり、メモあるいはノートを見ているようであった。しかも、文体もいつもの漢文ではない。これまで見て来た漢詩や画賛、碑文、「覩壮日札」のように、推敲加筆されたものとはまったく違っていたわけである。

ところがその文面を見ていくうちに、ただならぬことが分かってきた。そしてようやく秋場氏の昂（たか）ぶりを理解することが出来た。おおよその内容は確かに秋場氏から聞いていたのだが、聞くと見るでは大違いだ。最初は信じられなかった。それが間違いないと確認された時、私は慄然(りつぜん)とした。

あろうことか、この文書は孝明天皇宸翰※⑭の写しであった。秋場桂園は孝明天皇宸翰の写しを取っているのである。正式のものは清書されたようで、その写しも取られている。従って、この文書はさらにその写しである。文書が粗末に見えた理由が了解された。かなり急いで筆写したものであり、逆にそれがこの品の信憑性を裏付けている。このことは後で詳しく述べる。

文久三年（一八六三）十二月十八日、将軍家茂は再度上洛のため、品川から海路大坂に向かった。そして年が明けた正月二十七日、小御所において孝明天皇に拝謁している。この宸翰は、その折下賜されたものであった。

秋場氏には煮え切らない応対をした私だったが、慌ててこの文書を活字化する作業に取り組んだ。そして、出来上がるとすぐに郵送した。後で見てみると誤記だらけの不充分なものであった。それでも秋場氏は大層喜んで下さり、以後、電話やメールのやりとりが頻繁となった。その一端は前々項で触れている。

しかしコロナ禍はますます深刻になり、終熄どころか出口も見えない状況となってきた。結局、水海道を訪れる望みは叶わないまま、この作品を完成させなければならなくなった。そこで、書きかけの段階で秋場氏に草稿を送った。一週間もしないうちに長いお手紙をいただいた。そこには丁寧なご意見が書かれていたが、電話でお伝え下さったことと大筋においては変わらないものだった。

いただいたご意見も参考にしながら、作品は何とか形が整えられていった。だが、この宸翰をどう扱うかについては思い悩んだ。「覩壮日札」の翌年の文書であり、直接的関係はない。

そんなある日、秋場氏と電話のやりとりをすることがあった。

「あのー、今度送って下さった『覩壮日札』のお写真ですが、用紙も違っているようで、最初お送りいただいたものとは違うみたいなんですけど……」

当初お送りいただいた写真に欠落があることに気付き、その箇所をメールの添付ファイルで送っていただいたのである。八月も半ばのことである。

「あっ、そうですよ。いくつもあるんです」

「えっ？」

「いやー、申しわけない。手紙にはあんなこと書きましたが、あれは私の勘違いでした。確かに先生にお送りしたものは楷書です。それも別のがあって、添付したものはそれだったんですね。私はてっきり、隷書で書いたものを最初に送ったと勘違いしていました」

実は、先日いただいたお手紙に『すべて墨筆の楷書体』という作品中の記述が誤りではないかとご指摘があって、そのことを改めて確認して下さったのである。

「桂園はいろいろ推敲添削していましてね。この『覩壮日札』も同じなんです。それに、朱が入っているものもたくさんあって、どうもひとりよがりで書いていたんではないように思います」

この時の会話によって宸翰の扱いが定まった。というのも、かつて私が睨んだ通り「覩壮日札」は、素記録を元に後に制作されたものであることはまず間違いないと分かったからである。冒頭文はその典型だ。つまり、この宸翰の写しも、作品制作の資料となっている。それが確認された以上、加えない方が不誠実だ。

この時点では、孝明天皇宸翰についての知識は皆無に等しかった。しかし、その後さまざまな書籍を渉猟(しょうりょう)し、不充分ながら漸く秋場家に残された宸翰の写しが紛れもなく本物であるらしいことが判明した。『孝明天皇　天皇紀シリーズII』という書物に、桂園が筆写した宸翰と同じものが掲載されていた。著者は福地重孝という日本大学名誉教授ですでに物故されている。出典は「議奏役所文書」とあった。

すぐに手元の秋場家伝来のものと対照してみると、ほんの少しの差異はあったが、それはほとんど取るに足らないものであった。さらに、どうしても入手出来なかった

「孝明天皇紀」を県立図書館で閲覧してみると、この宸翰は正月二十五日に小御所にて家茂に下賜されたものであることも確認出来た。むろん、福地教授はこれを典拠としているから、まったく同じものであった。

無知蒙昧は仕方ないものだ。このことを知っていれば、何も苦労して活字起こしなどしなくて済んだのである。またしても浅学菲才の己（おの）が有様を痛感させられたのだが、それはそれとして、改めて秋場桂園という人物のすごさに仰天した。「桂園先生碑」によって確認された驚きどころではない。

　文久四甲子年正月於京都　将軍家茂公御十九對参内
今上皇帝続仁※ママ震翰ヲ賜ル其寫且将軍家ヨリノ御清書呈
上其寫共内二月廿四日田安假御殿万石以上乃布衣※115以上ノ面々登
営（御本丸去冬炎上淩未建）　於席ニ老中列座（板倉周防守牧野備前守井上河内）　月番備
前守渡之各拝見被　仰付之但シ　将軍家来御在京也

僅か五行ではあるが、宸翰本文の前に記載されているこの内容は実に貴重である。その一つ。

文久四年（一八六四）正月に参内した将軍家茂がこの宸翰を賜ったことはすでに述べた。それが江戸に送られ、二月二十四日に閣老たちによって諸大名、旗本に披見されたとある。

ところが、文久は二月二十日に元治に改元されているのだ。それは、この写しが紛れもなく本物であることの証拠のひとつになる。何故なら、もし後になって書かれたものなら必ず元治元年と記されるからである。改元の知らせは三月一日に総出仕が命じられ、老中板倉勝静※116から申し渡された。

改元という重大事でさえ、十日遅れで伝えられたのである。そうした当時の京都江戸間の時間的隔たりを認識する上でも、価値ある内容である。

その二つ。

宸翰の披見は田安仮御殿にて万石以上、布衣以上の面々が登営して行われたとあり、その後に細字で「御本丸去年冬炎上淩未建」と但書されている。大槇紫山氏の『江戸時代の制度事典』によると、江戸城は十回火災に見舞われており、そのうちの二回は文久三年（一八六三）であったようだ。六月は西丸だけだったらしいが、十一月十五日には本丸も焼け、それ以後は幕府執務は田安家御殿で行われているのだ。

「實記」を確認してみると、文久三年の記録は六月十六日以降すっかり抜けている。

それそのものが火災の事実を如実に伝えており、翌年二月の段階では、「淩未建」とある通り、本丸再建は為されていなかったということだ。ちなみにこの後、慶応三年（一八六七）十二月二十三日、天璋院の住む二の丸御殿が焼失している。

その点、「實記」第四編凡例にある「家定以後に於ては、ただ資料を按排し、簡単なる綱文を附したるに過ぎず、中には未だ資料の刪定を終わらずして綱文に及ばざるものあり、云々」との編者黒板勝美氏の記述はまことに誠実だ。従って、「實記」にある幕末期の資料が、ほぼ徳川公爵家の所蔵文書によって補われていることも真実であろう。そしてそのことは、所蔵するすべてが公開されたのではなかったことをも示唆している。

ところでここでの徳川公爵家とは宗家となった田安家のことだが、徳川慶喜家も公爵家であり、現在のご当主慶朝氏はまことに真率な方らしく、そのご著書で私ども下々の者には知り得ぬ貴重な事々を開襟なさっている。

在府萬石以上之面々。交替寄合。布衣以上之御役人登營。御席謁老中。

これは、「實記」の元治元年二月二十四日にある記述であり、ご覧の通り桂園の記した五行をそのまま簡略化したものであることは明白である。悪く取れば黒塗りの隠蔽だ。

しかしそう言ってしまうのは酷である。なにしろ第一版ではなかった文久元年以後の記事を増補し、続編五巻が出版されたのは昭和初期のことだ。国を挙げて軍国主義に突き進んでゆく日本で、かつて徳川家にこのような宸翰の下賜があり、しかもそのような文書が田安家に存在することなどどうして公表など出来ようか。なにしろ天皇ご自身が朝敵である幕府も将軍家茂も心から信頼していた文書なのだ。とてもあからさまに出せる時勢ではなかった。宸翰披見の事実も含め、やむを得ず秘匿せざるを得なかったのである。そうした文書は無数にあったに違いない。

この続編五巻の編纂時期からしても間もなく百年の歳月が流れる。田安家御殿で秋場桂園が宸翰を筆写したのは百六十年前のことである。その長い歳月と諸々の経緯を身に纏いながらここに宸翰の写しが現れたのは、私には奇跡としか思えない。

その三つ。

細字記載のもう一つ「板倉周防守（いたくらすおうのかみ）牧野備前守（まきのびぜんのかみ）※117井上河内守（いのうえかわちのかみ）※118」は、時の老中三名、すなわち板倉勝静、牧野忠恭、井上正直である。月番だった牧野備前守によって披見されたとあり、歴史通の方ならいずれも目を瞠（みは）らざるを得ない人々である。秋場桂園という人物は、直接ではなかろうが、このような人々の命を受けて宸翰を筆写したのである。これ以上の言及は蛇足になろう。

歴史の真実を知るには、事実の痕跡を丁寧に掘り起こしていくしかない。願わくば秋場家に遺された痕跡のひとつひとつが掘り起こされ、失われた真実が明らかになることを祈るばかりである。

最後に僭上(せんじょう)※⑲極まりないことながら、孝明天皇宸翰の意訳を試みた。むろん謦語(けいご)※⑳と捉えていただいて差し支えないが、ハイネ※㉑が天高く金の鋲(びょう)でとめられた星を見たように、孝明天皇の吐息を感じつつ私はこの作業を行った。

〔秋場家所蔵孝明天皇宸翰〕

朕不肖ノ身ヲ以夙ニ天位ヲ践ミ忝モ萬世無缺ノ金※㉒
甌ヲ受ケ恒ニ寡徳ノ
先皇ト百姓トニ背ンヿヲ恐ル就中嘉永六年以来
洋夷頗ニ猖獗来港シ國體殆ト云ヘカラス諸價沸
騰シ生民塗炭ニ困ム天地鬼神夫朕ヲ何トカ云ン

嗚呼是誰ノ過リヤ夙夜是ヲ思テ止ヿ典事能ハス嘗テ列卿武将ト是ヲ議セシム如何セン昇平二百有余年威武ノ以テ外寇ヲ制圧壓スルニ足ラサルヿヲ若妄ニ膺懲※⑫ノ典ヲ挙ントセバ却テ國家不測之禍ニ陥ンヿヲ恐ル幕府断然朕ガ意ヲ擴充シ十余世ノ旧典ヲ改メ外ニハ諸大名ノ参勤ヲ弛メ妻子ヲ國ニ帰シ各藩ニ武備充実ノ令ヲ傳ヘ内ニハ諸役ノ冗員ヲ省キ入費ヲ減シ大ニ砲艦ノ備ヲ設ク実ニ是朕カ幸ノミニ非ス　宗廟生民ノ幸也且去春上洛之廢典ヲ再興セシヿ尤嘉賞スヘシ豈料ランヤ藤原実美等（三条中納言也）鄙野匹夫ノ暴説ヲ信用シ宇内ノ形勢ヲ察セス國家ノ危殆ヲ思ハス朕カ命ヲ矯テ軽率ニ攘夷之令ヲ布告シ妄ニ討倒幕ノ師ヲ興サントシ長門宰相ノ暴臣ノ如キ其主ヲ愚弄シ故ナキニ夷舶ヲ砲撃シ幕使ヲ暗殺シ私ニ実美等ヲ本國ニ誘引ス此ノ如キ狂暴之輩必罸セスンバアルヘカラス然リト雖皆是朕カ不徳ノ致ス處ニシテ実ニ悔慙ニ堪ス朕又ヲモヘラク我ノ所謂砲艦ハ彼カ所謂

砲艦ニ比スレハ未タ慢夷ノ膽ヲ呑ニ足ラス國威ヲ海外ニ顕スニ足ラス却テ洋夷ノ軽侮ヲ受ン歟故ニ頻ニ願フ入テハ天下ノ全力ヲ以テ摂海ノ要津ニ備ヘ上ハ山陵ヲ安シ奉リ下ハ生民ヲ保チ又列藩ノ力ヲ以各其要港ニ備ヘ出テハ数艘ノ軍艦ヲ整ヘ無餒ノ醜夷※(124)ヲ征討シ

先皇膺懲ノ典ヲ大イニセヨ夫去年ハ将軍久シク在京シ今春モ亦上洛セリ諸大名モ亦東西ニ奔走シ或ハ妻子其国ニ帰ラシム宜ナリ費用ノ武備ニ及ハサルヿ今ヨリハ決シテ然ル可カラス勉テ太平因循ノ雑費ヲ減省ニシ力ヲ同フシ心ヲ専ニシ征討ノ備ヲ精鋭ニシ武臣ノ職掌ヲ尽シ永ク家名ヲ辱ルヿ勿レ嗚呼汝将軍及各国ノ大小名皆朕カ赤子也今ノ天下ノ事朕ト共ニ一新センヿヲ欲ス民ノ財ヲ耗スヿ無姑息ノ奢ヲ為スヿ無ク膺懲ノ備ヲ厳ニシ祖先ノ家業ヲ盡セヨ若怠惰セハ特ニ朕カ意ニ背クノミニ非ス

皇神ノ霊ニ叛ク也祖先ノ心ニ違フ也天地鬼神モ亦汝等ヲ何トカ云ンヤ

文久四年甲子春正月

〔筆者意訳〕

朕は未熟な身でありながら、若くしてこの日本国天皇位を授かった。そして畏れ多くも、万代欠けることなく継承されてきたこの国を統率する立場となった。朕の使命はこの国の栄(は)えある伝統を継承することであり、常に先皇の遺徳と国民の付託(ふたく)に背かないことを心掛けてきた。

けれども現実にはそれが叶えられていない。とりわけ嘉永六年以降は異国より頻りに乱暴な船が来航してこの国の平安を乱したため、国情は危殆(きたい)に瀕した。諸物価は高騰して生活が成り立たぬほど国民は困窮している。この国情を見て天地鬼神は朕をどのように咎めるであろう。

ああ、この有様はいったい誰の過ちによるものであろうか。それはやはり統率者たる朕の不徳の致すところである。日夜、その思いばかりが頭を離れない。

嘗(かっ)て、諸卿、列侯を集めてこの思いを吐露し、この国二百有余年の平安を取り戻すにはどうしたらよいかを諮らせた。その結果、今この日本国には武力をもって外敵を制圧出来る備えはないことを知った。妄りにそのようなことを行えば、たちまちこの国が不測の事態に陥ることも分かった。つまり、武力攘夷など不可能であることを理解した。

その上でこの事態にどう対処すべきかを評議した結果、幕府は朕の真意を広く汲み取り、数々の古い法度を改めた。参勤交代の廃止によって妻子は国元に帰した。各藩内の武備を充実させ、無駄な費用は極力省いて大砲や軍艦の装備を充実させるためである。

この改革は朕のためのものではない。この日本国と国民のために行うものである。且つ、昨年春に上洛の際、将軍は廃典を再興して二百七十五年ぶりの行幸を実現させた。これは最も嘉賞すべきことである。その目睹は公武一体となって国家平安への道を踏み出すことであり、その一歩であった。

ところが予想だにせぬ愚挙を行った輩がいた。藤原実美（三条中納言）等である。野卑でつまらない者どもの暴説を信用し、国内の実情を理解せず、国家の危機を考えもせず、朕の意志を矯げて軽率にも攘夷令を布告し、妄りに倒幕の兵を挙げようとしたのである。これを行ったのは主君を愚弄する長門宰相の暴臣である。理由も無く異国の船を砲撃し、幕府役人などを暗殺し、勝手に三条実美等を国に連れて行った。このような凶暴な輩は必ず厳罰に処さねばならない。そうでなければ、取り返しのつかないことが起こるだろう。

そうは言うものの、これらはすべて朕の不徳の致すところであって、実に残念で悔しいが、ただみずからの無力を恥じ入るばかりである。

朕はよく考えた。我が国の武備は諸外国の武力と比較するに、まだ傲慢な異国の魂胆を挫くだけの実力を持っていない。国力を海外に示すだけの備えもない。もし無謀な行いなどをすれば、却(かえ)って海外の国々の軽蔑や侮りを受けるだけであろう。

それゆえ、朕はひたすら願う。国中全力で沿海の要港防備に努め、国土霊廟を穢されず、すべての国民の生活の安全が保たれるよう守らねばならない。それには列藩の協力が不可欠で、各藩の要港の備えも必要である。それぞれが数艘の軍艦を整えて、もし理不尽で悪逆無法の外敵が襲ってくるなら、先祖が行ったように討ち懲らしめることが出来るようにしなければならない。

去年は将軍が長く在京し、この春もまた上洛した。諸大名もまた東西で奔走し、あるいは妻子をそれぞれの国に帰した。実に喜ばしいことである。これまで無益に費やしてきた資産をそうした軍備の充実に回さなければならない。これからは決して古臭い習わしにとらわれずに雑費を省き、皆々が力を結集させてただ一心に外敵への備えを精鋭にしてほしい。幕府は武臣であるその職掌を尽くして、永くその家名を汚さぬよう心掛けてもらいたい。

嗚呼、汝(なんじ)将軍及び各国の大小名はすべて皆、朕の大切な臣下である。今この国にもたらされている患難(かんなん)を、朕と共に一新させるよう尽力することを望む。民人(たみびと)の財産を損なうことなく、その場限りのつまらぬ冗費をなくし、醜怪な欲望をあらわに来寇(らいこう)する夷狄(いてき)への備えを厳重にして、祖先から伝えられた征夷大将軍という職掌を果たしてもらいたい。

もしそれを怠(なま)け疎(おろそ)かにするようであれば、それは朕の意に背いただけではなく、この国の神々に背くことである。そして祖霊を蔑(ないがし)ろにし、その心を踏みにじることである。天地鬼神もまた、汝等を咎めるだろう。

文久四年甲子春正月

# 【観壮日札 出現記・語注一覧】

① **【実装（じっそう）メモリー】** ＲＡＭ（random-access memory）ラム、つまり書き換え可能な記憶処理装置。コンピュータシステムの中では重要で、この容量が少ないと処理が著しく遅くなる。現在、普通のＰＣでは４Ｇから16Ｇが実装されているが、私が今使っているＰＣのＲＡＭは２Ｇで、主人とよく似ているのでとても愛おしい。

② **【緒方洪庵（おがたこうあん）】** 江戸後期の蘭方医、蘭学者。大坂に蘭学塾適々斎塾（適塾（てきじゅく））を開き、多くの門人を育てた。種痘の普及やコレラ対策に力を注いだ。文久二年（一六六二）幕府の奥医師、西洋医学所頭取となったが、翌年六月十日に急死した。行年五十四。

③ **【書翰（しょかん）】** 手紙、書状、書札、消息などのこと。また、筆跡や文字を書くことをも言う。翰は長い羽毛でつくった筆のことで、転じて筆で書いた手紙や文章の意となった。また、翰は後に簡に書き換えられるようになった。

④ **【伊東玄朴（いとうげんぼく）】** 江戸後期の蘭方医。シーボルトにオランダ医学を学び、江戸で開業。

牛痘苗の接種を行い、種痘所を設立。蘭方医として初めて幕府奥医師となり、西洋医学所頭取となった。明治四年（一八七一）正月に没す。行年七十二。

⑤【書幅】文字の書いてある掛け物。書軸ともいい、画幅と区別して使われる語。

⑥【荼毘】焚焼、焼身という意味の梵語 jthāpeti が中国に入って荼毘・荼毗・闍維の字を宛てて使われた音訳（音写）語。それはすなわち火葬のことで、死体を焼いて遺骨を納める葬法である。古来、日本には火葬の習いはなく、土葬や風葬が多かったが、仏教と共に伝えられた。しかし、屈葬など古来からの風習もあって、長い間火葬は一般化しなかった。ちなみに、「荼」と「茶」は元は同字で、「苦荼」とも呼ばれ、「余」すなわち寛ぎをもたらす草の意であった。人は荼毘に付されることによって漸く寛げるのかも知れない。

⑦【正鵠を得る】的をついている意で、要点、核心をついていること。正鵠の正は鴟鳥という鷹の一種、鵠の訓読は「くぐい」と言って白鳥の古名。いずれも古代弓技の的に描かれた。現在は、弓道の的にある黒点を言う。そこから「正鵠を射る」という用例も生まれたが、鴟鳥や鵠を得るが本来の用法。

⑧【例言】凡例と同義で、書物、著述物に関わる目的・方針・書中の約束事などのこと。通常、本文のはじめにそれらを示す。

⑨【下総国水海道（しもうさのくにみつかいどう）】茨城県常総市にある地名。鬼怒川下流域の水運により発達し、工業、蔬菜の生産が盛ん。下総は東海道十五か国の一つ。大化二年（六四六）総国（ふさのくに）が二分されて成立。鎌倉・室町期は千葉氏が守護。江戸期は小藩や天領が分立した。

⑩【襲（おそ）う】官職や家督などを受け継ぐこと。世襲、襲名などの語がある。葬祭において死者の衣上に施す祝飾が本義らしい。

⑪【吉田松陰（よしだしょういん）】幕末の尊王論者、思想家。名は矩方（のりかた）、通称は寅次郎。長州藩士杉常道の二男で吉田家の養子となる。嘉永五年（一八五二）の東北遊歴で脱藩の責を問われ、一時士籍を奪われる。ペリー浦賀再来の時海外密航を企てて失敗し、萩の野山獄に入れられた。桂園宅を訪れたのはこのいずれかの時期である。出獄後の安政四年（一八五七）、玉木文之進が創設した松下村塾を継ぎ、多くの門人を育てた。安政六年（一八五九）十月二十七日、安政の大獄で刑死。行年三十。

⑫【頼三樹三郎（らいみきさぶろう）】幕末の勤王家。京都の人。名は醇、号は鴨厓。頼山陽の第三子。大坂の後藤松陰、篠崎小竹に学び、尊攘派の急先鋒として梁川星巌、梅田雲浜（うめたうんぴん）らと国事に奔走して尊攘論を説いた。安政六年（一八五九）十月七日、安政の大獄で刑死。行年三十五。ちなみに安政の大獄で最初に処刑されたのは水戸藩士安藤帯刀

で、七月に斬首された。

⑬【覩(＝睹)】見る。視線を集めてみる。(目覩は、肉眼で見る、目撃。逆覩は、前もってみる。見通しをつける)

⑭【周易】中国古来の占卜のひとつで、夏王朝の連山、殷王朝の帰蔵を合わせ三易と呼ばれたが、連山、帰蔵が滅んだため易といえば周易を指すようになった。四書五経の易経がこれで、そこに記された原理に基づいて算木と筮竹とを使い、八卦、六十四卦によって自然、人事の吉凶を判断するのが易者である。「聖人作而万物覩」は「乾」にあり「聖人が世に出れば、それに感応した万物は仰ぎ見て(悦ぶ)」の意。

⑮【百四十四日間】当時の暦は太陰暦が使われていた。太陰とは月のことでその満ち欠けを基本とし、新月が月初めとなるよう暦が作られていた。月齢は約29・53であるため、大月(三十日)小月(二十九日)の二種で調整し、工夫されていた。文久三年の四月、六月は小月であるため日札の期間は百四十四日である。なお、この年の干支は癸亥、翌文久四年は甲子だったので二月二十日に元治に改元された。これを甲子革令といい、定例改元であった。

⑯【隷書体】漢字の書体のひとつ。篆書を簡略化したもので直線的な書形体。漢字の

発生は甲骨文、金文によって知ることができ、それらが収斂されて篆書体が成立する。大篆は周の籀が、小篆は秦の李斯がつくったとされ、隷書のもとはこの小篆といわれている。

⑰【行草交じり】漢字の書体のうち、行書体、草書体が交じり合ったもの。篆隷書体を簡略にしたのが楷書体であり、さらに流麗な筆法として行書体、草書体が生まれた。後漢時代に起こり、晋代の二王（王羲之、献之父子）らによって完成された。

⑱【落款】完成した書画に作者自身が、題、姓名、雅号、制作年月日などを書き記したり、押印したりすること。原意は「落成の款識」である。款識とは凹凸のことで鼎や鐘などに文字を鋳込むことだったが、転じて現在の意となった。

⑲【遊印】書画に姓名や号とは別に押す詩句や成語などを篆刻した印章。作品右肩に押されることが多い。遊戯印。

⑳【六曲一双】屏風風の形態を表したもので、一対（二つで一組）六枚をつなぎ合わせて折りたためるようにしたもの。部屋の中に立てて目隠しや風をさえぎる用途の他、仕切りや装飾にも用いる。

㉑【連綿線】筆記された字が二つ以上つながり、長く続いて線となっている部分。

㉒【影印本】原本を写真に撮って複製印刷された本。また、それを元に制作された書

籍。

㉓【王鐸(おうたく)】(一五九二～一六五二)明、清の官人。河南孟津(洛陽)の人。明朝末、天啓二年(一六二二)の進士にて翰林院編修を授かった。その後累進したが、清軍の侵攻があって南京の福王政権下で明朝の回復を計った。しかし福王政権も降伏し、やむなく弘文院学士として清朝に入仕して、礼部尚書に昇った。そのため後世「弐臣(じしん)」に列せられ非難を浴びた。書は幼くして「集王聖教序」・米芾(べいふつ)を学んだが、二王など魏・晋の書法を生涯追究した。この時期、長条幅の連綿書が発達し、王鐸の行草書体は殊に有名であり、「五十以後淬礪(さいれい)を加う」との自註を残している。淬礪とは刻苦勉励のことである。

㉔【絶句(ぜっく)】漢詩の形式。一首が起・承・転・結と呼ばれる四句から近体詩。古体詩の最小単位である四句で断ちきったところからこの名があるとされる。韻律の規式を定めることによって唐代に出来た近体詩のひとつ。

㉕【頌辞(しょうじ)】ある人の人徳や功績などをほめたたえる言葉や文章。頌祠。賞詞。褒詞。

㉖【金木犀(きんもくせい)】中国原産でモクセイ科の常緑小高木。キンモクセイ、ギンモクセイ、ウスギモクセイの種類がある。「木犀」は漢名で、巖桂(がんけい)という異名がある。桂園の号にある「桂」はこの巖桂から採ったものであろう。

㉗【画賛】〔日本画などの〕絵の上部や側部などの余白に書きそえる詩句や文章。画讃。賛。讃。

㉘【御堂関白記】藤原道長の日記。平安時代、中流以上の貴族のほとんどは漢文による私記録を付けていた。当時、政治は祭事であり、いかに典雅にそれを執り行えるかが重要であった。従って、典礼の繰り返しである貴族生活の基礎知識や人事記録として、備忘録は欠かせないものだった。文中の日記の主は「小右記」藤原実資、「権記」藤原行成、「殿暦」藤原忠実、「台記」藤原頼長である。ちなみに道長は関白にはなっていない。人々が阿ってこう呼んだ。

㉙【女流仮名日記】通常、女流日記は紀貫之が女性に仮託して書いた「土佐日記」が最初のものとされている。承平五年（九三五）の成立だ。しかし、醍醐天皇の皇后穏子の書いた「太后御記」という日記があって、こちらは延喜七年（九〇七）から承平四年（九三四）までの記録となっているため、これを濫觴とする説もある。ともかく、日本において私的な日記が書かれるようになったのはこの頃で、数多く残されている。文中作品の作者は「蜻蛉日記」藤原道綱の母、「和泉式部日記」和泉式部、「更級日記」菅原孝標の女、「讃岐典侍日記」藤原長子、「十六夜日記」阿仏尼、「紫式部日記」紫式部、「建礼門院右京大夫集」建礼門院右京大夫、「とは

ずがたり」後深草院二条である。成立年一部不順。ちなみに公的文書の作成や記録を行う内記、外記という官職があった。真名日記は他者が見るものでないので当然だが、現存するこうした記録にも改竄などの形跡はない。むしろ女流日記の方は阿諛、追従、忖度、捏造、嫉妬、怨嗟等々で満ち溢れている。紫式部日記は栄花物語と同様藤原道長への阿諛、追従が満載されている。文学は血の通った生々しい人間の思念や情念が読み取れるからこそ面白い。

㉚【漢文原野】原野は分野のもじり。つまり、漢文の分野が開拓されず手つかずであることを表現した駄洒落。

㉛【一所懸命】〔封建時代に主君からたまわった一か所の領地を生活の根拠としてそこに命をかけるという意から〕物事を命がけで行う意味として使われるようになった。現在、「一生懸命」の方が多く使われているが、「一生命がけ」というのは生物には当たり前のことであり、言葉としてあまり意味をなさない。我々「生物」は皆「生きるために生きている」のである。みずからの脳は自覚しなくとも、骨も肉も血も、臓器も皮膚も、そしてそれらすべてを形作る細胞もひたむきに生きている。脳のそれもほんの一部の意識がそれを拒むのは僭越である。ともかく、この言葉は誤用が一般化した典型例である。このように発音が類似しているために生じた誤用は

多々存在する。

㉜【欠(けつ)】現在は缺(ケツ)の意で使われている欠は、本来は「ケン」と発音する象形文字で、人が口をあけてからだをくぼませ屈んださまである。くぼむ、かけて足りないなどの意を含む。「欠伸(ケッシン)」「欠」いずれも「あくび」と訓読する。ここであくびをする者があればすかさず以上の説明をし、板書するとよい。甲骨文、金文などを参考にして工夫されればよい。私の経験からはスベることはまずなく、よくウケた。ただし、多少の画才も必要である。

㉝【吹(ふ)く】「吹」「歔」はいずれも「ふく」と訓読する同義の字だ。楽器である「龠」の方が名称としてはふさわしい。物事を理解するには具体が示されている方がより効果的だ。ただ画数が少ないから平易とは言えない。

㉞【大道詰将棋(だいどうつめしょうぎ)】大道芸の一つ。詰め将棋問題を大盤に示して、解ければ料金は取らずに景品(煙草や菓子)を与えると客を誘う露天商。一回当たりの料金は安価にしているが、その実、一回は一手と但書していることも多い。また、その問題はいずれもすぐに詰みそうに見えながら、かなり長手順で紛れが多いものばかりである。なお、本当に解けたと思われる客には早々に景品を与えるテクニックもあるので、それを見た客が挑むと、簡単に詰まずに引き延ばされ、大金を支払わねばならなく

なる破目に陥ることとなる。現在は商売として行うことが禁止されている。

㉟【知行合一】明の王守仁（陽明）が主張した学説。知ることのうちにすでに行為が含まれ、また、行動を通じて知識がうまれるという考え。陽明学の深淵な哲理を示した語なので誤解して使われる方があってはならず、作品中の用い方は誤っていることを断っておく。笑いを取るためにわざと間違えているが、例によって大スベリしているはずだ。

㊱【籀文】周の宣王の太史（記録官）籀がそれまでの文字の書体統一を図り作ったとされる書体で、大篆とも呼ばれる。

㊲【𪚥】〈テツ、テチ〉大漢和辞典の総画索引の最後六十四画には、実はもうひとつ「𠔻」がある。しかし、「𠔻」は「セイ」と読むようだが、義不明とあるので取り上げることはなかった。

㊳【しめしめ】「しめた」が畳語となったもので、ものごとが自分の思い通りになって密かに喜ぶ時に発する語である。「占めた」の「占」は「卜」「口」の会意文字で、神に祈りながら卜問する意を持つ。神意は絶対なものであり、のちに占有の意を持つようになった。私意によって占有（領）を目論む輩が絶えないのは嘆かわしいが、かく言う私にしてこの有様だ。

㊴ **【亀（かめ）ヶ森（もり）】**「亀が森」ではなかったと思う。最近殊に記憶機能が劣化し如何ともし難い。ともかく「森」を「山」の意味で使用されている例として山林地図を挙げて説明されていた。手間を惜しみ確認しなかったことをお詫びしておきたい。

㊵ **【耆碩（きせき）】** 学識、徳望の高い老人。文字学の泰斗（たいと）である白川静先生を表すにふさわしい語はないものかと探したが、見出せなかった。「碩士」「碩学」「碩師」「碩徳」いずれも良いが、あえて奇跡と同音の「耆碩」を使わせていただいた。

㊶ **【栴檀（せんだん）は双葉（ふたば）より芳（かんば）し】** 香木の白檀（びゃくだん）は発芽の頃から香気が高いの意。英雄や天才など大成する人物は、幼時から人とは異なる優れた所があることのたとえ。ただし、「出る杭（釘）は打たれる」の通り、香気を持たねば排斥される。

㊷ **【演繹（えんえき）】** おしひろげて述べること。また、演繹は deduction の訳語である。普遍的一般的な前提（事実）から、論理的に正しい推論を重ねて結論を引き出すことで、そのひとつに三段論法がある。対義語は帰納である。

㊸ **【家刀自（いえとじ）】** 家内の仕事をつかさどる者をいい、そうした婦人、主婦のこと。「刀自」は宛字（あてじ）で本来は「戸主」である。おそらく「戸主（こしゅ）」と区別がつかないので別字を宛て、さらに家を冠したのであろう。日本書紀には、戸母（とじ）、覩自（とじ）の語も見える。

㊹ **【堯（ぎょう）】** 中国古代の伝説上の聖天子。名は放勲（ほうくん）。五帝のひとり。舜（しゅん）を起用して治水に

あたらせ、後に舜の有能さを認めて天下を譲った。帝王がその位を子孫へ伝えないで有徳者に譲ることを禅譲といい、儒家では理想の君主政治とされた。舜もまた禹へ帝位を譲っている。陶唐氏とも、唐尭ともいう。尭の原字は、背にたかく物をかついだ人の姿。

㊺【仁孝天皇（にんこうてんのう）】光格天皇の第六皇子恵仁（あやひと）。幼称寛宮（ゆたのみや）。文化十四年（一八一七）即位して父上皇の院政を受ける。孝明天皇の父帝。弘化三年（一八四六）一月二十六日崩御。宝算四十七。宝算とは天子を敬ってその年齢をいう語で、他に宝寿、聖寿がある。

㊻【光格天皇（こうかくてんのう）（上皇）】閑院宮典仁（すけひと）親王第六王子。幼称祐宮（さちのみや）。諱は師仁（もろひと）、のち兼仁（ともひと）。後桃園天皇急死に伴い、女一宮欣子（皇后新清和門院）との年齢的釣合いから養子皇嗣となる。君主たる自覚が強く尊号事件では朝幕関係の溝を深めたが、寛政期以降、朝儀復興を強く推進し、内裏、神嘉殿などを復古様式で再建したり、石清水、賀茂両臨時祭などを再興した。院政をめざして文化十四年（一八一七）皇子恵仁（あやひと）に譲位。天保十一年（一八四〇）十一月十九日崩御。宝算七十。

㊼【墓碑銘（ぼひめい）】墓碑に彫り込む銘。死者の経歴などを刻んだ墓石の文章。墓碑文。銘とは物に刻みしるした文のこと。

㊽【拝み墓】実際に遺体や遺骨などは葬っておらず、先祖参りなどをするため、名や功績などを刻んで建てた墓。

㊾【埋葬墓地】遺体、遺骨、遺髪などを実際に埋葬している墓地。

㊿【朱雀天皇】醍醐天皇の第十一皇子。母は藤原基経の娘皇后穏子。名は寛明。延長八年（九三〇）即位。治世中、政情は不安定で承平・天慶の乱が起こり、天慶四年（九四一）ようやく鎮定。同九年弟の村上天皇に譲位し、承平法皇と称した。在位は延長八年（九三〇）から天慶九年（九四六）の十七年間。天暦六年（九五二）八月十五日崩御、宝算三十。

51【鼻祖】胎生動物は鼻からまず形をなすという説から生まれた語で、初代の先祖、始祖の意。また、ある物事を最初に始めた人、元祖の意としても用いられる。

52【天慶の乱】古代国家転換期に起こった本格的な反乱。通常、「承平・天慶の乱」と呼ぶが、承平五年（九三五）二月に起こって天慶三年（九四〇）二月に終熄した平将門の乱と、天慶二年（九三九）十二月に勃起した藤原純友の乱の間に直接的な関係性は見出せない。巷間に流布する叡山での両者の盟約は、後世の創作である。

53【醍醐天皇】宇多天皇第一皇子、母は藤原胤子。寛平九年（八九七）即位。直後は父の影響力が大きかったが、延喜元年（九〇一）菅原道真を左降。在位中、摂政・

関白を置かず太政官の首班であった藤原時平、忠平と連携して執政。延喜の荘園整理令など地方行政の立て直しに努め、日本三代実録、延喜格式、古今和歌集の編纂を行った。宮廷儀式や政務・人事の新たな慣行が成立し、天皇親政のもと理想的な公家政治が行われた時代として後に〈延喜聖代〉と呼ばれた。延長八年（九三〇）九月二十九日崩御、宝算四十六。生前、醍醐を好んだためこの漢風諡号が付けられたとされている。しかし、醍醐には濃厚な甘味で薬用などに用いる牛乳を精製した食品や、そうした純粋最上の味（醍醐味）といった意味ばかりではなく、如来の最上の教法を例える語意もある。美食に耽溺した天皇というイメージは気の毒だ。

(54)【延喜（えんぎ）・天暦（てんりゃく）の治（ち）】醍醐・村上両天皇の治世をその年号をとって称したもの。この時代は班田、国史・格式の編纂、貨幣鋳造などの律令制的な事業が行われた最後の時期で、摂政・関白が置かれず、天皇と藤原氏ら上級貴族との一体感が形成された。また、政務を含む諸儀礼や中央・地方の行政システムが再編され、十世紀以後の制度の規範となる時代でもあった。やがて文人官僚などの中からこの時代を聖代視する観念が生まれ、十一世紀初頭以降拡がっていった。後醍醐天皇の親政にも影響をあたえ、後には〈国体の本義〉にみられるような皇国史観においても重視された。

(55)【貞信公記】藤原基経の四男、忠平が残した日記。その子実頼が抄録した延喜七年（九〇七）～天暦二年（九四八）の記事が伝存し、承平、天慶の乱の記事など十世紀前半の基本史料。忠平は、朱雀、村上両帝の摂政、関白として政権を擅にした。

(56)【家人】家族などの意としても使われるが、ここでは家来、従者のこと。祖父の実家にはそうした使用人が幾人かいて、大学には弁当や荷物を持った人を伴って通ったそうだ。そう昔のことではなく、大正時代の初めのことである。

(57)【本朝世紀】藤原通憲（信西）の著した編年体史書。鳥羽院の命により六国史継承のため久安六年（一一五〇）に編纂が開始されたが、宇多天皇紀以外は未完成。外記日記、外記の私日記が主な原史料。二十巻分のみ現存。

(58)【元暦】平安末期、後鳥羽天皇の代の年号。寿永三年（一一八四）四月十六日代始により改元。元暦二年（一一八五）三月長門壇の浦の戦いで平氏一門が滅亡した。従って平家物語ではこの時まで寿永を使用している。元暦二年八月十四日に文治に改元された。

(59)【孝徳帝】第三十六代天皇。茅渟王の子。名は天万豊日尊、軽皇子。皇極天皇（再祚後斉明）の同母弟で、大化元年（六四五）に即位し、在位は十年。飛鳥から難波長柄豊碕宮に遷都した。乙巳の変後斉明の譲位によって即位し、甥の中大兄皇子を皇太子、姪の間人皇女を皇后とした。後に皇太子中大兄と対立し、上皇・皇太子・皇后ことごとく飛鳥に去って独り難波宮にとり残され、白雉五年（六五四）十月十日に崩御した。宝算五十九。

⑥⓪**【新田左中将】**新田義貞のことで南北朝期の武将。朝氏の子。正慶二年・元弘三年（一三三三）五月、倒幕の兵を挙げ北条氏を滅亡させた。建武政権下では上野・越後・播磨国司。足利尊氏離反後、その追討のため後醍醐天皇方として戦った。しかし京都を奪われて恒良・尊良両親王と越前金ヶ崎城に籠城し、落城直前に脱出したものの藤島の戦いで斯波高経に討たれ、延元三年（一三三八）閏七月二日に戦死した。行年は不明だが三十代と考えられる。

⑥①**【カマを掛ける】**原義は「鎌を掛ける」で草の根元を引っかける動作。知りたいことを相手が不用意に口にするよう巧みに誘導するという意で使われ、それとなく気を引くことや誘惑する意でも使われるようになった。「引っ掛ける」は同義。

⑥②**【胡麻を擂る】**他人にへつらって自分の利益をはかる意。本来は「味噌を擂る」だったが、その習慣がなくなり「胡麻」に転化した。味噌は本来各家庭で作るものであり、味噌桶から取り出した粗味噌はよく擂り潰さなければ使用出来ないため台所仕事の重労働の一つであった。江戸時代、下役人たちの間で早朝上司の家に赴い

て味噌擂りを手伝い、奥方の機嫌をとる習わしが生まれた。人々がその行為や、その行為者を蔑む言葉として使われるようになった言葉である。

㊸【矯めつ眇めつ】いろいろな角度からよくよく見ること。左見右見、矯めつ賺しつ、矯めつ歪めつ、いずれも同義。

㊹【箴言】戒めとなる言葉。人生の教訓の意味を含めた短い句。格言。金言。「書経」盤庚上にある語で、後にラテン語「Proverbia」の訳語として使われた。この旧約聖書第十九書はソロモンを始めとする種々の格言集の集録であり、実際的な処世訓や現世的な幸福追求のための信仰などを説いている。なお、「期待は失望となる」は筆者の捏造である。

㊺【敷島の道】「敷島の大和歌の道」の意で、和歌の道のこと。敷島とは元々は崇神天皇、欽明天皇が都を置いたと伝承される大和国磯城郡（奈良県桜井市）のことである。それが大和に掛かる枕詞「しきしまの」となり、後に大和そのものをも指すようになった。明治三十九年（一九〇六）から昭和十八年（一九四三）まで発売された高級煙草「敷島」はその由来から名付けられ、数多の軍人、兵士に下賜された。

㊻【万葉仮名】日本語を表記するために表音文字として用いた漢字。「万葉集」に多く用いられているところからいう。真仮名。

㊾ 【心昏る】心がまっくらになる。呆然として前後の分別がなくなる。源氏物語若菜に「御心も昏れて渡り給ふ」とある。

㊿ 【啓示】(宗教において)神が人間に対して人知では知りえないことをあらわし示すこと。黙示。キリスト教では、被造物(自然)によるものを一般啓示、キリストによるものを特殊(別)啓示と呼ぶ。

【重陽の節会】古代中国の陰陽五行説では奇数を陽とする思想があり、月日共に奇数となる日を人日・上巳・端午・七夕・重陽と称して嘉祝の日とする習わしがあった。重陽(九月九日)には高い丘に登り、茱萸を頭に挿し菊の花を浮かべた酒を飲んで邪気を除く行事が行われた。日本の朝廷でも年中行事化し、延命長寿を願って供御を奉った。それが、季節の変わり目を実感する五節供として民間にも伝わった。節句は「供」と「句」の同音から生じた俗用が一般化したものである。

【橋本左内】幕末の福井藩士。名は綱紀、号は景岳。藩医の子。緒方洪庵に洋学を学び、藩主松平慶永(春嶽)の側近として藩政改革に尽力。将軍継嗣問題では一橋派の中心として活動。その政治構想のなかで日露同盟論を唱えた。安政六年(一八五九)十月七日、安政の大獄によって松陰より二十日早く刑死。行年二十六。

【井伊直弼】幕末の大老。彦根藩主。通称鉄三郎、号は柳王舎、宗観など。藩主直中の第十四子。城外の屋敷「埋木舎」で修業。国学者長野義言（主膳）に学ぶ。嘉永三年（一八五〇）兄直亮の死により藩を継ぎ、掃部頭を称す。ペリー来航で和平を主張し、将軍継嗣問題では一橋派と対立して紀州藩徳川慶福（家茂）を推した。戊午の密勅が出るや安政五年（一八五八）四月二十三日大老に就き、勅許を得ないまま通商条約に調印し慶福の継嗣も決定した。さらに一橋派の諸侯・幕臣・志士らを大弾圧した。安政の大獄である。安政七年（一八六〇）三月三日水戸浪士らによって桜田門外にて暗殺された。行年四十六。ただしその死の公表は同月三十日であった。なお、三月十八日に安政から万延に改元された。

⑫**【佐藤一斎】**江戸後期の儒者。名は坦、通称捨蔵、字は大道、別号に愛日楼、老吾軒がある。曾祖父広義（周軒）が美濃岩村藩家老となり、祖父、父共に藩政を執った。藩主の子（林述斎）と共に儒学を学び、後に大学頭林信敬に入門した。述斎が林家を継ぐと林家塾頭を務めた。述斎の没後幕府昌平黌の教授となり、朱子学を奉じながらも陽明学への関心が強かったため陽朱陰王と評された。教育者として優れ、門下に渡辺崋山、佐久間象山、山田方谷、横井小楠、大橋訥庵等多彩な人材を輩出した。著書は三十五作、全九十一巻に及ぶ。安政六年（一八五九）九月二十四日没、行年八十八。

⑬【言志四録(げんししろく)】佐藤一斎の語録で、「言志録」「言志後録」「言志晩録」「言志耋録」の四冊から成るため「言志四録」と呼ばれる。「言志録」は文化十年（一八一三）起稿され、「言志耋録」の刊行は嘉永六年（一八五三）である。一斎の後半生四十年間の志慮(しりょ)の軌跡であり、全千百三十三条から成る。西郷隆盛が耽読し、この中から百一条を抄録したことは名高い。現在でも、「言志四録」を典拠として「座右の銘」を編んだ書物は数多く出版されている。

⑭【蟬吟(せんぎん)】藤堂良忠の俳号。松尾芭蕉は伊賀上野の無足人の家に生まれ、津藩司城職付侍大将藤堂新七郎家の嗣子良忠に仕え、その導きで北村季吟門の俳諧を学んだ。後に俳聖と呼ばれるようになった彼は、夭折した主人蟬吟のことを終生恩人として思慕し続けた。蟬吟の導きがなければ芭蕉は別の人生を歩み、現在の形での俳句は存在しなかったのである。

⑮【蛇(へび)の生殺(なまごろ)し】殺しもせず生かしもせず半死半生の状態にすること。物事に決着がつかず苦しみが執拗に長引くことをたとえていう。時にこのような事態や状況となることがあるが、人間が意図的に行う場合は最も残忍な行為である。

⑯【瓢簞(ひょうたん)から駒(こま)】江戸時代初期の仮名草子に「瓢簞から駒はいでねども」とあるから、あり得ないという意味で使われていたようだ。それがやがて、意外なことが起こっ

たとか、冗談が事実となってしまうという場合にも使われるようになった。

⑰【佐分利信(さぶりしん)】俳優、監督。渋みのある演技で活躍した昭和の名優。日活を経て松竹に入り上原謙、佐野周二と「松竹三羽烏」を結成した。多くの映画やTVドラマに出演し受賞歴も多数、紫綬褒章を授かった。昭和五十七年逝去、行年七十三。

⑱【JPEG】(Joint Photographic Experts Group)の略。コンピュータ用語。ジェイペグとはISO(国際標準化機構)による静止画像圧縮方式のことで、現在のデジタルカメラ画像のほとんどはこのファイル形式で保存される。なお今はASA(広告基準審査委員会)ではなくISOを使う。

⑲【PDF】(portable document format)の略。ピーディーエフは、米国のAdobe社が開発した文書表示のためのファイル形式。

⑳【徳川達孝(とくがわさとたか)】政治家。伯爵。田安慶頼の四男。幼名群之助。明治九年(一八七六)徳川田安家を相続した。貴族院議員、大正天皇次週長侍従長、学習院評議員、日本弘道会長などを務めた。昭和十六年(一九四一)二月十八日没。行年七十七。

㉑【徳川家達(とくがわいえさと)】政治家。公爵。田安慶頼の三男。幼名亀之助。明治元年(一八六八)、田安家より入って徳川宗家を相続し家達と改名。駿河・遠江・三河の三か国を領し、翌年の版籍奉還で静岡藩知事。二年間英国留学の後、貴族院議員となり、明治

三十六年（一九〇三）から延べ三十年間議長を務めた。済生会初代会長、日本赤十字社社長など各種の名誉職に就いた。また、大正十年（一九二一）ワシントン会議全権大使を務めた。昭和十五年（一九四〇）六月五日没。行年七十八。

㉜【川田甕江】漢学者。本名は剛、通称竹二郎、号は毅卿。備中国浅口郡玉島出身。三島中洲は同郷の盟友。山田方谷、佐藤一斎などに学ぶ。最初近江大溝藩の藩儒に迎えられるが、山田方谷に誘われ備中松山藩に仕官する。しかし藩は戊辰戦争で朝敵となり、その存続などに尽力した。その後、藩を退いて東京で塾を開いて名声を挙げ、明治の三文宗（重野安繹、三島中洲）と呼ばれた。木戸孝允の推挙によって太政官に出仕し、国史編纂の責任者として修史館設置の運びとなった。しかし重野との対立、論争があって修史館を退き、宮内省に移って東京帝国大学教授、華族女学院校長、貴族院議員などを歴任した。また、東宮（大正天皇）の侍講にも任じられた。重野らとの歴史論争から「皇国史観」の推進者に利用されたり、山県有朋から疎まれたりしたことによってその実像が歪められ、歴史評価が著しく損なわれた人物である。明治二十九年（一八九六）二月二日没。行年六十七。

㉝【三島中洲】漢学者。本名は毅、字は遠叔、通称貞一郎、号は中洲。備中国窪屋郡中島村（現在の倉敷市中島）出身。川田甕江は同郷の盟友。山田方谷、佐藤一斎

などに学ぶ。備中松山藩の藩校有終館学頭に進んだ。しかし戊辰戦争の敗戦によって藩は問罪されることとなり、藩存続や藩主板倉勝静の救命など、老臣らと共に命を賭した抗議を行った。その後、徴命によって司法省に出仕。新治裁判所長を皮切りに、東京帝国大学教授、大審院判事、宮中顧問官等を歴任。明治十年（一八七七）十月、現在の二松学舎大学の前身漢学塾二松學舍を創立。大正八年（一九一九）五月十二日没。行年八十九。

(84)【埒（らち）】低い垣が原義で、馬場の柵なども言うようである。「埒があく」とは賀茂の神事「競（くら）べ馬」から出た語で、競馬を見る人が長く柵外で待たされ漸く入場を許されることを埒があくと言った。

(85)【木戸孝允（きどたかよし）】幕末、明治初期の政治家。長州藩医和田昌景の二男で桂家の養子となり、桂小五郎と称した。木戸貫治、準一郎とも名乗った。号は松菊。松下村塾で学ぶ。尊王攘夷運動を指導して藩政の中枢を掌握し、薩長盟約を結んで討幕を推進した。明治新政権発足後は、参与、総裁局顧問を経て参議となる。五箇条の誓文の作成、版籍奉還、廃藩置県などを行った。岩倉使節団の副使として渡欧。内治優先の漸進論を主張。征韓論論争で参議を辞すが復職。立憲制の漸進的導入に尽力した。卓越した識見を持ち薩摩派閥と対立した。明治十年（一八七七）五月二十六日没。

行年四十五。

(86)【菅原道真（すがわらのみちざね）】父は菅原是善（これよし）。文章生から出身し宇多天皇の信任を得て右大臣まで昇進したが、藤原氏の讒言（ざんげん）で大宰府の権師に左遷され、任地で没した。死後宮廷で不祥事続き、内裏の落雷で大納言藤原清貫が死亡するなどのことがあって、道真怨霊が信じられ、官位追贈や天満大自在天神としてに祀られた。当代随一の文章道の学者として「菅家文草」「菅家後集」を撰し、「日本三代実録」編纂に携わり、「類聚国史」を自撰している。天神は怨霊・雷神として畏れられる一方、和歌・書道・学問の神ともなり、禅僧にも渡唐天神として信仰された。延喜三年二月二十五日没。行年五十九。

(87)【徳川家茂（とくがわいえもち）】江戸幕府十四代将軍。紀州藩主徳川斉順（なりゆき）長男。はじめ慶福（よしとみ）。諡号昭徳院。将軍継嗣問題が起き、井伊直弼ら南紀派に推され将軍職を継承。朝幕融和のため皇妹和宮を迎える。しかし幕政批判が強まり、島津久光の率兵上京などがあり、文久の幕政改革を行い、寛永以来の将軍上洛を実行。元治元年再度上洛して尊攘派勢力を京都から駆逐し、長州征討を行ったが三たび上洛後、第二次長州征討の敗報が至るなか慶応二年（一八六六）七月二十日大坂城で病死。行年二十一。

(88)【孝明天皇（こうめいてんのう）】仁孝天皇の第四皇子。名は統仁（おさひと）、幼名熙宮（ひろみや）。弘化三年（一八四六）十六歳で践祚。安政五年（一八五八）条約勅許問題に戊午の密勅を出し攘夷を主張。安政の大獄を招く。条約は認め幕府に妥協。また、和宮降嫁の承認など、尊攘派の進出に朝彦親王らと八月十八日政変を起こすなど公武合体へと転換させる。その後も近衛忠煕ら薩長派の公家を退け幕府を支持。急死は疱瘡、毒殺の両説ある。日記「孝明天皇宸記」。慶応二年（一八六六）十二月二十五日崩御。宝算三十六。

㊈ **【ジョン万次郎】** 土佐漁民出身の幕臣。開成学校教授。土佐幡多郡中浜の漁師の二男。天保十二年（一八四一）出漁中に漂流し、鳥島でアメリカの捕鯨船ジョン・ハウランド号に救助された。船長の世話によりアメリカで教育を受け、ハワイでアメリカ船に便乗し琉球に上陸。帰郷して幕府の普請役格に迎えられた。軍艦操練所教授となり、咸臨丸の通訳として渡米した。薩摩藩、土佐藩で英学を教え、維新後は徴士、開成学校教授に任じ、普仏戦争観戦のため渡欧の途次病気のため帰国。著書に「英米対話捷径」（一八五九）がある。明治三十一年（一八九八）十一月十二日没。行年七十二。

㊉ **【因循姑息】** 昔からの習慣や方法にこだわって進歩のないこと。一時しのぎ。一時逃れ。なお「姑息」は「礼記」に「君子は徳をもって人を愛し、細人は姑息をもって人を愛す」とあり、その時限りの上辺だけの愛に言及している。近年、卑怯、卑

劣、悪事、あるいは人を陥れるような意味で使用されているが、それらはすべて誤用である。

91【日米修好通商条約】安政五年（一八五八）六月に日本が列強と結んだ最初の外交・通商の条約。いわゆる不平等条約であり、これが元となって他の列強とも同様の条約を結ばねばならなくなり、明治三十二年（一八九九）七月の条約改正まで続いた。

92【戊午の密勅】幕末に朝廷が発した攘夷の文書。井伊直弼の強権政治に対し、水戸、薩摩両藩の画策によって密かに水戸藩に勅諚が出され、のち幕府にも送られた。骨子は違勅調印と一橋派大名処罰を責めるもので、安政の大獄の起因となった。

93【生麦事件】幕末の外国人殺傷事件。文久二年（一八六二）八月二十一日、江戸から帰る島津久光一行が、生麦村（現横浜市鶴見区）で出会った四人のイギリス人を無礼討ちし、商人リチャードソンを殺害、二名に重傷を負わせた事件。

94【和宮降嫁問題】仁孝天皇皇女和宮と将軍徳川家茂との婚姻をめぐる政治的問題。有栖川宮熾仁親王と和宮の婚約を破断させ、孝明天皇に条件付きで降嫁を承認させた政略。久世広周と安藤信行が要請した。

95【坂下門外の変(さかしたもんがいのへん)】桜田門外の変後、老中安藤信行等による和宮降嫁問題に憤慨した大橋訥庵(とつあん)が指導する尊攘草莽と水戸浪士が江戸城坂下門外で安藤を襲撃した事件。安藤信行は傷つき老中を辞職したため公武合体派は退潮した。信行の幼名は欽之進または欽之助で、元服時の諱は信睦(のぶゆき)だが、後に改名してこの時は信行であった。この事件から二か月後の三月二十六日に信正(のぶまさ)と再度改名し、歴史資料のほとんどはこの名で表される。ところで襲撃者六名は全員斬死したが、最近、秋場氏はこの事件を生々しく記録した文書を発見され知らせて下さった。詳細はいずれ明らかにする予定である。余談ながら、讃岐多度津藩最後の藩主京極高典(たかまさ)の夫人はこの安藤信正の娘であり、戊辰戦争や高松藩討伐に宗藩丸亀藩と共に新政府軍に加わったのは、歴史の非情、残酷さを物語っている。

96【大樹公(たいじゅこう)】後漢書に「諸将並び坐し功を論ず。異(い)、常に独り樹下に屏(へい)す。故に軍中号して曰く、大樹将軍と。」とある将軍馮異(ふうい)の故事から、優れた将軍を指すようになり、藤原鎌足臨終の際の逸話にも引用され、後に征夷大将軍の異称となった。

97【臆度(おくたく)】おもいはかる。あて推量をすること。「詩経」小雅の「他人心有り、予之(よこれ)を忖度す。」を典拠として、「忖度(そんたく)」が広く使用されてきた。「忖」は心に四本の指を当てる形で、人の心の寸法を測る意だ。しかし、事物はよからぬ使用によって品下がる。言葉も同様であり、あえて同意のこの言葉に替えさせてもらったが、忖度の名誉回復を心より祈る。

(98)【冒雨剪韮】後漢の郭林宗が雨を冒して訪れた友人を喜び、自ら韮を摘み馳走した故事から、友人の訪れを喜びもてなすこと。

(99)【徳川實記】江戸幕府が歴代将軍の事歴を中心に、幕府の示達・人事・行事・法令等をまとめた実録。寛政十一年（一七九九）幕府儒者林衡（述斎）が建議して文化六年（一八〇九）編纂開始、天保十四年（一八四三）に完成した。正編（本編四百四十七冊・付録六十八冊・総目録他一冊の計五百十六冊）は家康から十代家治までであり、十一代家斉から最後の将軍慶喜についての続編（続徳川實記）の編纂も継続されたが、稿本のまま未完に終わった。現在、国史大系に収められている。

(100)【明治天皇】孝明天皇第二皇子。名は睦仁、幼名祐宮。慶応二年（一八六六）十二月、孝明天皇が急死し、翌年一月九日に満十五歳で践祚。同年十二月王政復古の大号令を発し、摂政・関白と共に幕府を廃止。慶応四年三月には五箇条の誓文を発布。同年八月に京都で即位式を挙げ、翌九月に明治と改元して一世一元の制を採用。十月に江戸城に入り皇居とし、十二月に一条美子（昭憲皇太后）を皇后に立てた。明治二年、政府諸機関を東京に移して版籍奉還が行われ、明治四年には廃藩置県の詔書を発した。以後、天皇の元で旧体制の改変と近代的国家体制の整備が行われ、国際的地位が上昇するにつれ神格化されていった。明治四十五年七月二十九日崩御、翌日公表。宝算六十一。

⑩①【行幸(ぎょうこう)】天皇や太上天皇の出行のこと。御幸(みゆき)とも言う。三后、皇太子は行啓(ぎょうけい)と言う。律令、延喜式にその制度が見え、鹵簿(ろぼ)(行列次第)には令制前の官司秩序の影響が残る。九世紀以後、朝覲行幸、大嘗会御禊行幸の他は範囲や回数が縮小し、それに代って院の御幸(ごこう)が始まった。熊野御幸が有名で、多くの上皇、法皇が熊野三社詣でに出行している。

⑩②【後水尾院(ごみずのおいん)】江戸前期の天皇。後陽成天皇の第三皇子。幼称三宮。諱は政仁(ことひと)。父帝の譲位を受けて践祚。元和六年(一六二〇)六月徳川秀忠の女和子(東福門院)が入内。紫衣事件のあと譲位し、以後四代四子の院政を行う。ちなみに、譲位して仙洞御所に移られてからは屢々御幸(ごこう)され、桂別荘(桂離宮)への御幸道の造設や、清所門近くの桜にお車を返された逸話などが残り、この「車返しの桜」は今も見事な花を咲かせている。延宝八年(一六八〇)八月十九日崩御。宝算八十五。

⑩③【朝覲(ちょうきん)】天皇が太上天皇、皇太后に拝謁することで、特に年の初めに太上天皇または皇太后の宮に行幸して拝賀する儀式。東宮も成人の時にはこの儀がある。だが、

慶安四年（一六五一）に後光明天皇が後水尾天皇の仙洞御所に朝覲行幸したのが最後で、それからでも孝明天皇の賀茂行幸までの二百十三年間、天皇は御所から出られなかった。

(104)【毛利敬親（もうりたかちか）】幕末の長州藩主。元治元年（一八六四）までは慶親。諡は忠正公。天保八年（一八三七）家督。村田清風を登用して天保藩政改革を推進。以後、長井雅楽の航海遠略策の公武合体政策、のち尊王攘夷策を是認したが禁門の変に敗れた。幕長戦を経て討幕へと進む。版籍奉還申請後隠退。明治四年（一八七一）三月二十八日没。行年五十二。

(105)【一橋慶喜（ひとつばしよしのぶ）】江戸幕府第十五代将軍。公爵。水戸藩主斉昭の七男。幼名七郎麻呂、諱は昭致。号は興山。弘化四年（一八四七）一橋家を継ぐ。文久二年（一八六二）将軍後見職、慶応二年（一八六六）将軍となり、幕府の勢威回復に努めた。翌三年大政奉還。鳥羽・伏見の戦に敗れ東帰し、静岡で謹慎した。大正二年（一九一三）十一月二十二日没。行年七十七。

(106)【高杉晋作（たかすぎしんさく）】尊皇攘夷討幕運動の指導者。名は春風、号は東行他。大組高杉家の長男。松下村塾に学ぶ。文久二年（一八六二）上海に赴き太平天国の乱を実見。帰国後イギリス公使館を焼打。航海遠略策の藩是に反対。外国艦隊下関砲撃事件に際し起用され、士庶混成の奇兵隊を設立。俗論派が起ったため脱藩。諸隊を指揮して挙兵し指導権を回復。木戸孝允らと慶応改革を実施し、第二次幕長戦争の際には下関口の参謀となる。慶応三年（一八六七）四月十四日死去。行年二十九。

⑩⑦【鸞輿】「らんにょ」とも。天子の乗る輿。鳳輿。鳳輦。

⑩⑧【辠】法を犯すこと、つまり罪のことである。「自＋辛」の会意文字で、古代中国では罪人の鼻に針を刺す、あるいは削ぐなどの刑罰を行っていた。そこから罪、咎の意として使われた。ところが秦王嬴政（始皇帝）が「皇帝」という称号を設ける際、類似するこの字の使用を禁じ、代わりに「罪」を用いた。罪は「网」＋「非」の会意文字で、法の網に背く者の意である。高杉晋作のこの行為は、桂園の認識では鼻削ぎの刑に匹敵したのだろう。

⑩⑨【孝明天皇紀】明治三十九年（一九〇六）十月、宮内省が「先帝御事蹟取調掛」を設け、旧臣史臣によって史料を博捜して編纂された天皇の正伝。幕末維新の歴史を説く根本史料。昭和四十四年（一九六九）一月に復刻、発刊された。

⑪⓪【八月十八日政変・七卿落ち】尊皇攘夷激派による大和行幸、攘夷親征の決行が明らかになったため、この日の深夜、中川宮（朝彦親王）、京都守護職松平容保らと公武合体派の公家が参内し、会津、薩摩藩らが御所を固めて在京の藩主が召集さ

れた。大和行幸の延期、尊攘派公家と長州藩の排除などが布告され朝廷の実権は公武合体派に移った。これによって尊攘激派勢力は京都から排除され、三条実美、三条西季知、東久世通禧（みちとみ）、沢宣嘉、壬生基修（もとなが）、四条隆謌（たかうた）、錦小路頼徳の公家七名と尊攘急進派、長州藩兵らは洛東妙法院に集まり、兵庫を経て船で長州藩に逃れ、王政復古まで同藩や太宰府に滞留した。

⑪【圓（えん）（円）】明治以降の日本の通貨単位。明治四年（一八七一）五月十日発布の新貨条例により採用。従来の四進法に代り十進法の通貨単位となった。中国から流入したメキシコ銀貨等の洋銀がその形状から銀円と呼ばれたことに由来している。補助貨単位として百分の一円を中国の銅貨の量目の呼称から銭とし、さらには度量衡単位から十分の一銭を厘とした。

⑫【一休寺（いっきゅうでら）】京田辺市薪にある臨済宗大徳寺派の寺院、酬恩庵。一休宗純は南浦紹明開創になる霊瑞山妙勝寺を復興し、その傍らに草庵を結び酬恩庵と号してみずからの終焉の地と定めた。薪の一休寺として親しまれている。

⑬【柳営（りゅうえい）】将軍の所在地、幕府のこと。漢の将軍周亜夫が匈奴征討を命じられ「細柳」という地に陣した時、威令が行き渡り軍規が厳正だった故事から生まれた語で、多くの詩や文で使われた。日蓮の「立正安国論」にも見える。

⑭【宸翰（しんかん）】天皇がみずから書いた文書。天子の直筆のもの。宸筆（しんぴつ）。宸襟（しんきん）。宸章（しんしょう）。

⑮【布井（ほい）】江戸時代の大紋につぐ武家の礼服、絹地無文の裏のない狩衣のことで、それを着用した御目見得以上の者やその身分を言うようになった。元は朝服に対する平服で「ほうい」とも言い、「ふい」と読む場合は庶民の意味となる。

⑯【板倉勝静（いたくらかつきよ）（周防守（すおうのかみ））】＊一度免じられ再補されている　板倉勝静は備中松山藩（五万四千石）の藩主で、文久二年（一八六二）三月から慶応四年（一八六八）一月まで老中を務めた。勝清は、陸奥白河藩松平定永の三男で松平定信の孫である。備中松山藩板倉勝職の養嗣子となり、その勝職が見出した山田方谷を登用して藩政改革を行った。だが、幕閣で要職を歴任し、幕末時には主席老中として薩長勢力と対抗する立場であったため、藩は維新後新政府から朝敵とされた。三島中洲、川田甕江ら方谷の弟子たちによる死を賭した助命嘆願によって勝清は禁錮となり、後にそれも解かれた。明治二十二年（一八八七）四月六日没。行年六十六。

⑰【牧野備前守（まきのびぜんのかみ）】牧野忠恭（ただゆき）は越後長岡藩（六万八千石）の藩主で、文久二年（一八六二）九月から慶応元年（一八六五）四月まで老中を務めた。忠恭は松平容保が京都守護職となる前の京都所司代で、老中海防掛を命ぜられ下関四国艦隊砲撃事件の処理に奔走した。河井継之助の進言により病気理由として辞任し、隠居して忠訓（ただくに）に家

督を譲ったが、ほどなく大政奉還となり、新政府の苛酷な要求が諸藩に向けられたことから北越戦争が勃発した。忠恭、忠訓が会津に身を寄せる間、河井継之助による徹底抗戦で、長岡市街は焼失し長岡城も落城した。明治十一年（一八七八）九月一日没。行年五十五。

⑱【井上河内守】＊一度免じられ再補されている 井上正直は遠江浜松藩（五万三千石）最後の藩主で、文久二年（一八六二）十月から慶応二年（一八六六）六月まで老中を務めた。井上家は水野忠邦が失脚後に再入部した家である。水野氏の圧政で一揆が多発していた領内を正春、正直二代の治政二十四年間でようよう鎮めたが、正直は幕府重職を歴任して生麦事件などの対応に忙殺され、ほとんど国元に帰れなかった。そのため藩論は分裂し、藩は戊辰戦争が始まると藩主不在のまま新政府側に勤王証書を提出して新政府軍に帰順した。維新後、正直は鶴舞藩知事となる。明治三十七年（一九〇四）三月九日没。行年六十八。

⑲【僭上】「僭は節度秩序を越えて調和の乱れることをいう字で、それは不規不信にはじまる。」と白川静先生は仰る。蓋し、私もそうした輩の一人であろうが、あまりに規矩信義の衰えた様相を見過ごしには出来ぬ思いがしてならない。

⑳【囈語】つくり話。とりとめのない話。たわごと。転じて、寝言、囈言の意となっ

た。戯言。

⑫1 【ハイネ】詩人。（Heinrich Heine 1797〜1856）ドイツロマン主義の流れをくむ数々の抒情詩を残した。反動的な世俗勢力を批判し、ゆたかな人間性を擁護する風刺詩、批評、紀行文などの名作を残した。代表作は詩集「歌の本」、物語詩「ドイツ・冬物語」など。「金の鋲」は「歌の本」中にある語句。西田幾多郎「善の研究」に引用あり。

⑫2 【金甌無欠】少しも疵のない黄金でつくった甕。外国から侵略されたり、侮りを受けたことのない主権の確立した国家のたとえ。

⑫3 【膺懲】討ち懲らしめること。征伐して懲らしめること。

⑫4 【無餒ノ醜夷】飢えることのない醜い夷。つまり、飽くことなく貪欲にアジアを侵略している西洋列強のことで、この言葉からも、明らかに孝明天皇は国際事情を理解していたことが分かる。

# あとがき

私には文学への道を導いて下さった三人の恩師がある。

およそ半世紀も昔のことながら、そのお一人から「鈍才」という折紙を付けていただいた。その恩師は伊予松山ご出身で、御母堂は正岡子規を「ノボさん、ノボさん」と呼ぶような間柄の幼なじみだったそうである。子規の名は升（のぼる）という。さらに御尊父は河北という俳号をお持ちで、村上霽月（せいげつ）という人と共に子規を中心とした蛙友会という俳句の集いを催されていたとも伺った。恩師はその他、窪田空穂、會津八一といった人々から享（う）けられた薫陶などを惜しげもなく伝えて下さる方だった。そのような方だったので、私へのこの鑑定もまことに当を得たものであった。今回あまたの余福によって上梓の運びとなった本作は、まさにそんな私ならではのものである。

恩師には霊前にしか捧げることができなかったが、きっと温かいまなざしでご拝読いただけるに違いない。

「ぼんやりしてるのは分かってたが、ちょっと遅すぎるよ。どんなものを持ってくるか首を長くして待ってたんだよ。君のことだから自分でこっちに提げてくるんじゃないかと思ったよ」

と、笑顔でおっしゃるお顔が目に浮かぶ。

　さくらばな散りかさなりて情念の充つるがごとく輝き放つ

これは恩師からお褒めいただいた拙詠で、カバー写真はこの歌をモチーフに撮影したものである。

ところで、本作は秋場仁氏の廉潔なお人柄なしには存在し得なかったものであり、私にはただ感佩（かんぱい）する他なすすべもない。しかし一方では、秋場桂園の魂魄（こんぱく）が私という媒体を通して、氏に何事かを伝えようとした現象だったのではないかという思いが拭いきれない。私の体内にはわずかながら巫覡（ふげき）の遺伝子があるらしく、本作がとりとめのない譫言（うわごと）のようであるのは多分にそのためであろう。あえてそれを糺さなかったことをお詫びしておきたい。

ただ、若しそうであるなら、この後は桜花のように散り重なった無数の魂魄の依代となるべきではないかという思いが芽生えている。筆名を法名にしたのはそのような理由もあった。ともかく、秋場桂園の主君についての精察はそう悠長な態度ではいられず、今はただ駑馬に鞭打ち続けるしかないという覚悟だ。

最後に、秋場氏との仲立ちを賜った佐藤紘二氏、書跡判読及び題字揮毫に労を煩わせた妻脩芳、そして文芸社の小野幸久、原田浩二両氏他お力添えいただいたすべての方々に深甚なる謝意を呈してあとがきとしたい。

令和五年春　讃岐邊疆庵にて

釋　至心

**著者プロフィール**

**釋 至心**（しゃく ししん）

昭和三十一年香川県生まれ。
昭和五十三年大東文化大学文学部卒業。
同年県立高校国語科教諭として奉職。
平成二十二年時宜を得て職を辞す。
爾来隠逸衰暮の境涯。

**覩壮日札（とそうにっさつ） 出現記**

2023年7月15日　初版第1刷発行

著　者　釋 至心
発行者　瓜谷 綱延
発行所　株式会社文芸社
〒160-0022 東京都新宿区新宿1－10－1
電話 03-5369-3060（代表）
03-5369-2299（販売）

印刷所　株式会社暁印刷


ISBN978-4-286-24341-2